Gillian Holloway

Der Traumführer – Wege zum Selbst

HERDER / SPEKTRUM

Band 4644

Das Buch

Der vorliegende *Traumführer* zeichnet sich gegenüber den verbreiteten Traumbücher durch Kürze und Prägnanz aus. In einem Fünf-Schritte-Programm lernt der Leser, wie er effektiv und ohne übertriebenen Zeitaufwand der inneren Botschaft seiner Träume auf die Spur kommt, wie er sich die Träume der Nacht merken, auf seine Eindrücke und Gefühle während des Träumens achten und das Wesentliche erfassen und verstehen kann. Die Autorin gibt auch konkrete Hinweise, wie ein Traum-Tagebuch zu gestalten ist, wie die Traumsymbole gedeutet werden, wobei sie der Bedeutungsvielfalt von Symbolen und den freien Einfällen des Lesers breiten Raum läßt. Der Leser wird so Schritt für Schritt vertraut gemacht mit dem „*Traumführer*" in sich selbst, lernt auf seine Stimme zu hören und dabei sich selbst besser zu erkennen und zu verstehen.

Die Autorin

Gillian Holloway, Psychologin, beschäftigt sich seit über 20 Jahren mit der Traumarbeit und Traumanalyse. In vielen regelmäßigen Workshops und Traumseminaren verhilft sie den Teilnehmern dazu, die Grundlagen der Traumanalyse zu erarbeiten und den tieferen Sinn von Träumen zu begreifen.

Gillian Holloway

Der Traumführer – Wege zum Selbst

Fünf Schritte, die Botschaft der Träume zu entschlüsseln

Aus dem Amerikanischen von Berardin Schellenberger

Herder
Freiburg . Basel . Wien

Herstellung: Freiburger Graphische Betriebe 1998
Umschlaggestaltung: Joseph Pölzelbauer
Umschlagmotiv: Paul Delvaux: L'estacade
Fond. P. Delvaux S. Idesbald, Belgien
VG Bild-Kunst, Bonn 1998
ISBN 3-451-04644-X

Danksagung

Ich möchte mich bei meiner Freundin Diane DiPrete recht herzlich für ihre hervorragende Hilfe beim Korrigieren des Buchmanuskripts bedanken (für alle noch verbliebenen Unvollkommenheiten ist ausschließlich die Autorin verantwortlich), genau wie für ihre ständige Ermutigung und ihr Interesse am Thema. Besonders dankbar bin ich auch Dr. Al Siebert für seine Freundschaft und Ermutigung. Er hat mir vor allem geholfen, „Mut zum Computer" zu entwickeln und die Überlebenskunst als Schriftstellerin zu lernen. Herzlichen Dank auch meinem Bruder Doug dafür, daß er mir seinen Drucker überlassen hat (womit mein letzter Vorwand für das Verschleppen beseitigt war). Ganz besonderen Dank meiner Mutter Pat, die sich geduldig meine begeisterten Erklärungen aller im Leben interessanter Dinge angehört hat, und das seit der Zeit, als sie mir das Gehen beigebracht hat.

Widmung

Ich widme dieses Buch jenem Teil des Selbst in jedem von uns,
der ständig versucht, Licht in die Dunkelheit zu werfen,
die Bruchstücke unseres Verstehens zu einem sinnvollen Ganzen zusammenzufügen
und uns wieder in Kontakt mit unseren vernachlässigten Talenten und vorzeitig abgebrochenen Ansätzen zur Liebe zu bringen:
dem Träumenden in unserem Inneren.

Inhalt

Kapitel 1

„Was dieser Traum wohl bedeutet?"

Manchmal hat man so stark das Gefühl, ein Traum habe eine bestimmte Bedeutung, daß man das fast körperlich spürt. Das ist, wie wenn einem ein Name, den man vergessen hat, förmlich auf der Zunge liegt. Ob man nun diesem Traum genauer nachgeht oder nicht – jedenfalls bleibt ein unheimliches Gefühl, angerührt worden zu sein und eine Botschaft aus einer tieferen Schicht seines Geistes erhalten zu haben. Ist der Traum besonders wichtig, so überschwemmt er vielleicht noch einmal im Lauf des Tages das Bewußtsein. Ausgelöst kann das von irgend einem Wort oder Ereignis werden, das mit seinem Inhalt anscheinend gar nichts zu tun hat.

Die Träume, die am rätselhaftesten wirken, bieten uns besonders wichtige verschlüsselte Botschaften.

Diejenigen Träume, die uns deutlich spüren lassen, daß sie wichtig sind, aber uns das Deuten besonders schwer machen, sind besonders wertvoll für uns. Man kann sagen, daß die Kombination aus subjektiver *Erfahrung der Wichtigkeit* plus dem *Gefühl der Unfähigkeit, seinen Sinn zu erkennen*, ein besonders deutliches Indiz für einen Traum ist, der eine hilfreiche Botschaft für uns birgt. Ja, jeder wichtig erscheinende Traum kann für uns von vitaler Bedeutung sein, und zwar gerade deshalb, *weil* er schwer zu verstehen ist. Jeder von uns hat Bereiche in seinem Leben, die er gern leugnet oder lieber gar nicht richtig untersuchen will. Manchen von uns ist zum Beispiel beigebracht worden, daß man nicht gleichzeitig denken und fühlen kann. Folglich lassen wir von jeder Erfahrung die Finger, die sowohl unsere Gefühle als auch unseren klaren Blick in Anspruch nehmen würde. Wenn sich ein Traum um etwas dreht, das sich dem Zugriff Ihres bewußten Denkens im Wachzustand entzieht, kann es für Sie reizvoll sein, zumindest die Information zu entschlüsseln, die Ihnen in Traumform geboten wird. Zum Erforschen seiner Träume braucht man allerdings ein gutes Maß Entschlossenheit und Mut; doch das lohnt sich.

Wenn man seine Träume richtig versteht, ist das eine wichtige Quelle für das bessere Verstehen seiner selbst und der komplexen Zusammenhänge im wachen Leben. Träume können Einsichten darin eröffnen, warum man zum Beispiel von bestimmten Dingen emotional besonders stark angesprochen wird, was am Arbeitsplatz wirklich gespielt wird, warum Beziehungen immer so schwierig zu sein scheinen, und was hinter den Anwandlungen von Unzufriedenheit steckt, die einen manchmal aufregen und manchmal depressiv werden lassen. Ihr „Traummacher", also jener Teil Ihres Geistes, der Ihre Träume schafft, registriert wacher als Ihr bewußter Geist bestimmte Arten von Informationen und operiert in anderen Schichten des Verstehens als dieser. Das hat zur Folge, daß in Ihren Träumen überraschende Einsichten in Ihr waches Leben stecken; sie lassen alles in einem anderen Licht sehen, bringen bislang unbewußte Themen und Erlebnismuster zu Bewußtsein, die Ihr ganzes Leben durchziehen.

Vielleicht haben Sie schon manche merkwürdige Verknüpfungen zwischen Ihren Träumen und Ihren Erfahrungen im Wachzustand beobachtet. Selbst Leute, die sich nicht weiter um ihre Träume kümmern, haben *intuitiv* das Gefühl, daß diese Träume einen Sinn haben. Viele, die sich an ihre Träume erinnern, haben zumindest einmal schon die Erfahrung gemacht, daß ihnen der Sinn eines Traums deutlich aufgegangen ist. Es ist ein seltsames und aufregendes Gefühl, die Zusammenhänge zwischen Traumbildern und Erfahrungen des Wachzustandes zu erkennen. Wird man sich ihrer bewußt, so bekommt man das Gefühl, daß das eigene Leben irgendwie tiefer wird – ein Gespür, daß es zwischen allem, was sich im eigenen Leben abspielt, viele unsichtbare Verknüpfungen gibt, die recht deutliche Auswirkungen haben und die auf irgendein Ziel ausgerichtet sind.

Vielleicht haben Sie schon öfter einen Anlauf dazu gemacht, Ihren Träumen etwas gründlicher nachzugehen, aber erst jetzt raffen Sie sich richtig dazu auf. Oder Sie haben sich schon etliche Zeit mit Ihren Traumerfahrungen beschäftigt und haben das Gefühl, daß Sie schon einiges darüber gelernt haben, aber jetzt noch mehr gründliche Information oder einen neuen Ansatz dazu brauchen.

Es gibt recht unterschiedliche Methoden, seine Träume zu erforschen und ihre Bilderwelt zu deuten. Manche sind in der Frühzeit der Psychotherapie entwickelt worden; diese Methoden sind vorwiegend darauf ausgerichtet, irgendwelche pathologischen Dinge aufzuspüren. Die Folge ist, daß sich selbst heute noch viele Leute auf das Thema Traumdeutung nur mit der Angst einlassen, dabei könnten bei ihnen irgendwelche bedenklichen Charakterzüge ans Licht kommen. Doch bei meiner Beschäftigung mit den Träumen von Freunden, Studenten und Familien habe ich weit öfter die gegenteilige Erfahrung gemacht: daß recht sympathische Züge zutage getreten sind.

Unseren Träumen geht es vor allem darum, auf diejenigen unserer Talente, Gaben und inneren Stärken hinzuweisen, die unser bewußter Geist entweder vergessen oder übersehen hat. Wenn Sie sich auf das Traumdeuten einlassen, werden Sie nichts „Falsches" in sich entdecken. Ganz im Gegenteil, Sie werden vielleicht fasziniert Aspekte Ihrer selbst oder Talente entdecken, die Sie schon vor langer Zeit vergessen haben.

Eine andere Art der Traumdeutung hat sich aus eingeborenen Volksbräuchen oder religiösen Lehren ergeben. Bei diesen Methoden ist es notwendig, bestimmte Traditionen und Weltanschauungen genau zu kennen und an sie zu glauben. Hat man darüber keine gründlichen Hintergrundkenntnisse, so können die dabei angewandten Deutungsmethoden enttäuschend komplex und unverständlich sein. Viele Menschen bekommen Bruchstücke und Informationsfetzen aus ganz unterschiedlichen Ansätzen mit und sind der irrigen Ansicht, jede dieser „Wahrheiten" stamme aus der gleichen Quelle. Wenn man nur vom Hörensagen hie und da etwas über Traumdeutung erfährt, kann das recht verwirrend werden, ja vor der genauen Deutung irgendeines bestimmten Traumes Angst machen.

Der Zugang, den ich gewählt habe und mit meinen Schülern praktiziere, konzentriert sich auf die Vertiefung der Selbsterkenntnis und auf das persönliche Weiterwachsen. Mit Hilfe von Grundsätzen der heutigen Psychologie und Erkenntnissen über die Sprache des Unbewußten kann man vieles aus den Informationen entziffern und lernen, die man jede Nacht erhält. Dabei geht es mir um eine regelrechte *Methode,* die eigenen Träume aufzuzeichnen und sie sich dann genau anzuschauen, um so ihren Sinn deutlich herauszufinden.

Wenn Sie sich schon einmal einem Wander- oder Bergführer angeschlossen haben, wissen Sie, daß ein solcher Mensch unterwegs Dinge sehen und erkennen kann, die Sie und ich völlig übersehen hätten. Das kommt daher, daß er die *Kunst* entwikkelt hat, alles so anzusehen, daß er deutlicher als andere erkennt, was da ist. Ganz ähnlich geht es auch beim Erspüren des Sinns von Träumen weithin darum, die Kunst anzuwenden, *alles so anzusehen, daß man deutlicher erkennt, was da ist.*

Die Methode, die ich Ihnen auf den folgenden Seiten vorstellen will, ist so einfach, daß Sie ziemlich schnell einen Erfolg merken werden, und sie setzt tief genug an, um Ihnen Grundlagen dafür zu vermitteln, daß Sie sich auf noch intensivere Entdeckungen einlassen können, sobald Sie sich dazu gewappnet fühlen. Die einzelnen Schritte sind einleuchtend und führen zu greifbaren Ergebnissen, und die jeweiligen Kriterien für die Überprüfung gewährleisten, daß Sie Ihre persönlichen Assoziationen möglichst gründlich unter die Lupe nehmen. Wenn Sie sich ein wenig Zeit für das Üben und Entdecken der Kunst der Traumdeutung nehmen, werden Sie freudig überrascht feststellen, wie schnell Sie eine ganze Reihe hilfreicher Einsichten und Kenntnisse erwerben, und vor allem werden Sie staunen, in welche Tiefen Ihres eigenen Inneren Sie dadurch zu blicken vermögen.

Ganz gleich, ob Sie nun lebhafte Träume haben und sich daran bis in alle Einzelheiten äußerst gut erinnern, oder ob Sie nur den möglichen Wert Ihrer Träume ahnen, aber noch nicht viel davon in die Erinnerung zurückrufen oder verstehen können: ich hoffe jedenfalls, Sie können diese Anleitung mit Freude und Gewinn verwenden. Ich glaube, es gibt eine

Art Schicksalsfaden, der unser Leben durchzieht. Er führt uns an Orte, an denen zu bestimmten Zeiten bestimmte Gaben für uns bereitliegen. Da Ihnen jetzt dieses Buch in die Hände geraten ist, könnte es sein, daß das kein „Zufall" ist, sondern für sie den richtigen Zeitpunkt anzeigt, Ihre Träume genauer zu erforschen und Kostbares aus ihnen zu lernen.

Um sich besser an Ihre Träume erinnern zu können, versuchen Sie es mit folgenden Schritten:

- Fassen Sie ganz bewußt den Entschluß dazu, sich darum zu bemühen. Bewußte Entschlossenheit sickert bis ins Unterbewußtsein hinunter und hilft, eine Brücke zwischen den verschiedenen Bewußtseinszuständen herzustellen.
- Halten Sie einen Notizblock oder einen Kassettenrecorder am Bett bereit. Schon diese ganz einfache Vorbereitung ist für Ihren Geist ein Signal, daß Sie entschieden etwas unternehmen wollen.
- Geben Sie jedem Traum ein Etikett. Wählen Sie dafür jeweils einen Namen, der für einen Handlungsablauf oder eine besonders eindrucksvolle Episode typisch ist. Indem Sie das Etikett beschriften oder auf Band sprechen, gelingt es Ihnen später, wenn Sie ihn aufzeichnen wollen, den ganzen Traum aus der Datenbank Ihrer Erinnerung abzurufen.
- Schreiben Sie Ihren Traum auf oder sprechen Sie ihn aufs Band. Versuchen Sie während der Nacherzählung nicht, ihn zu deuten. Zeichnen Sie nur seinen Verlauf auf.
- Achten Sie besonders auf die Handlung, die Gefühle und alle Symbole, die Ihnen auffallen. Lassen Sie diese Aufzeichnung dann erst einmal ruhen und kommen Sie etwas später wieder darauf zurück, um sie zu deuten.
- Vermeiden Sie die Behauptung, Sie könnten sich nicht mehr richtig an den Traum erinnern. Unser Gedächtnis ist sehr stark unserer Autosuggestion unterworfen: im allgemeinen erinnern wir uns an das, woran wir uns erinnern wollen, und „vergessen" das, wovon wir behaupten, es vergessen zu haben. Wenn sich ein Traum zunächst Ihrer Erinnerung entzieht, sagen Sie nicht: „An den kann ich mich nicht mehr erinnern", sondern: „Der wird mir gleich wieder einfallen. Einen Augenblick Geduld." Das hilft

überraschend oft und ist ganz allgemein ein ausgezeichneter Kniff, um seine Gedächtnisleistungen spürbar zu verbessern. Wenn Sie sich dabei etwas komisch vorkommen und das Gefühl haben, sich selbst etwas einzureden, was gar nicht stimmt, trösten Sie sich mit dem Umstand, daß Ihnen dabei ja niemand zuhört. Nur Ihr Unterbewußtes bekommt das mit und reagiert auf Ihre Behauptung, daß das so sei.

Kapitel 2

Stellen Sie Ihre Linse schärfer ein, damit Sie deutlicher sehen, was wirklich da ist

Das, was Sie persönlich von Träumen halten, und vor allem, was Sie von Ihren eigenen Träumen halten, wirkt sich stark auf den Erfolg Ihrer Bemühungen aus, den Sinn Ihrer Träume zu entschlüsseln. Ihre Einstellung zum Wesen von Träumen und zu sich selbst ist der Filter, durch den Sie auf die Träume schauen, an die Sie sich erinnern. Wenn man diese Einstellung verändert oder präzisiert, ist das, wie wenn man die Linse eines Mikroskops schärfer einstellt. Wo vorher gar nichts zu sein schien, schälen sich plötzlich klare und deutliche Umrisse heraus und bieten eine Fülle von Information und Leben. Nach dem heutigen Wissensstand gibt es einige grundsätzliche Auffassungen über Träume, die allgemein anerkannt sind und sich als äußerst hilfreich für die Deutung erwiesen haben. Es handelt sich um die folgenden drei Auffassungen oder Arbeitshypothesen:

1. Gehe davon aus, daß grundsätzlich jeder Traum einen Sinn hat, auch wenn du einen solchen beim ersten Dich-Erinnern und beim Aufzeichnen nicht erkennst.
2. Entschließe dich, mit einer spezifischen Sprache der Träume zu rechnen und diese zu erlernen.
3. Erkläre dich selbst zur letztlich entscheidenden Autorität, die über den Sinn deiner Träume befindet.

Träume kommen uns, weil sie uns etwas sagen wollen. Selbst wenn er nur ein Knäuel aus verzerrten Bildern zu sein scheint, oder wenn er Ihnen lediglich wie das nochmalige Abspulen von Bruchstücken und Streifen kürzlicher Alltagserfahrungen vorkommt, *ist Ihr Traum immer ein Angebot Ihres Unterbewußten an Ihr Bewußtes*. Man kann das mit einer betriebsinternen Mitteilung von einer Abteilung an eine andere vergleichen. Schwierig wird es, wenn wir versuchen, mit der in unserer „Abteilung Waches Bewußtsein" üblichen Sprache, die vor allem in Verstandeskategorien denkt, den Traum aus der „Abteilung Unterbewußtes" zu bearbeiten. Für die Komposition unserer Träume ist nämlich eine Instanz unseres Geistes zuständig, die alle Inhalte auf sehr kreative, geradezu poetische Weise umformt. Um die Einsichten und Botschaften, die uns unsere Träume liefern wollen, erfassen zu können, muß man also ihre ganz eigene Sprache und Ausdrucksweise erlernen.

Was heißt das praktisch? Es heißt, Sie müssen zeitweise Ihre *Denkungsart* so umstellen, daß Sie fähig werden, den Sinn der Symbole, Bilder und Übersteigerungen, die Ihr Traum Ihnen vor Augen führt, erfassen zu können. Allem Anschein nach verfügt die Sprache der Träume über weit mehr Ausdrucksmöglichkeiten als unsere Verbalsprache: Mehr noch: es ist eine Sprache, die Dinge ausdrücken kann, *für die es keine Worte gibt*. Unsere Verbalsprache ist wie eine Art Steno-Handschrift, mittels derer wir alles aufs Format von gebrauchsfertigen Sinn-Einheiten zurechtstutzen und definieren. Wenn wir beim Versuch, unsere Träume zu verstehen, unsere „normale" Logik anwenden, kommen wir oft zum Schluß, sie seien „verrückt", denn dann bewerten wir sie nach einem Raster, der ihren Sinn weithin ausblendet. Wir müssen uns dabei vor Augen halten, daß die Sprache der Träume auf das Freilegen und Entfalten von *Sinn* gerichtet ist, während die Sprache unseres Tagesbewußtseins mehr auf das *Definieren* angelegt ist, und folglich den Sinn stark verkürzt.

Wenn Sie sich wirksam mit Ihren Träumen beschäftigen wollen, müssen Sie unbedingt eine Einstellung entwickeln, die manchen so vorkommt, als werde man beim Denken „verschwommen" und „schlampig". Tatsächlich müssen Sie es lernen, zeitweise Ihre präzise, streng logisch-lineare Denkweise aufzugeben und sich stattdessen auf ein frei schwebendes assoziatives Denken einzulassen. Dabei verknüpfen Sie nicht logische Gedanken miteinander, sondern lassen in Ihrem Geist durch bestimmte Bilder andere Bilder wecken, was dann auf ganz eigene Zusammenhänge aufmerksam macht, die „unlogisch" sein können, aber trotzdem wirklich sind. Im

Lauf der Zeit gewöhnen Sie sich dann daran, danach zu fragen, *woran* Sie bestimmte Trauminhalte *erinnern*, und wie gesagt werden diese Verknüpfungen oft ohne einleuchtende Logik sein. Dieses Vorgehen kann einem lästig und frustrierend vorkommen, wenn man es nicht gewöhnt ist. Man braucht Mut dazu, sich auf eine Denkungsart einzulassen, die einem seltsam vorkommt, aber die dabei erzielten Erfolge sind der Mühe wert. Neigen Sie dagegen ohnehin schon zum assoziativen Denken, so wird Ihnen diese Methode wie ein vertrautes „Heimkommen" erscheinen, und Sie werden fasziniert mit Ihrer „wirren" Weise, alles zu betrachten, eine Fülle lohnender Entdeckungen machen. In jedem Fall werden Sie, wenn Sie erst einmal einige Fertigkeiten im Umgang mit Ihren Träumen erworben haben, das ganze Unternehmen höchst anregend und spannend finden. Sie entdecken dann Hinweise, die für Ihr Selbstverständnis von unschätzbarem Wert sind, stoßen auf unterschwellige Strömungen, die Ihr Leben beeinflussen, erkennen Talente und Fähigkeiten, für die Sie bislang blind waren.

Viele Menschen staunen über die Kreativität und Präzision ihres eigenen Geistes, wenn sie einigermaßen die in ihren Träumen enthaltenen Botschaften entschlüsseln gelernt haben. Das ist, als entdecke man einen hervorragenden Künstler, Poeten oder Stückeschreiber, der versteckt in der eigenen Psyche haust und dazu da ist, einem Einsichten und persönliche Anregungen zu schenken, die das Leben ungemein reich machen.

Das Subjekt, der Autor und der Interpret Ihrer Träume sind Sie selbst.

Einer der Gründe, weshalb das Arbeiten mit Träumen so ungemein hilfreich ist, besteht darin, daß *Sie selbst die kompetenteste Autorität für Ihr eigenes Leben sind.* Kein Freund, Pfarrer oder Therapeut auf der Welt kann Ihre Erfahrungen genauso tief verstehen wie Sie selbst. Sicher, es ist wichtig, daß Sie sich nach Anleitung und Beratung umsehen, wenn Sie das brauchen. Aber oft liegt der Grund dafür, daß wir den Ausweg aus einer Schwierigkeit nicht finden oder ein Problem nicht lösen können, darin, daß wir uns dessen gar nicht *bewußt* sind, wie viel wir selbst wissen. Sie haben sicher auch schon gelegentlich um eine besonders schmerzliche Entscheidung gerungen und dabei das Gefühl gehabt, die Sache nicht genügend zu durchschauen, weil Ihnen eine Reihe von Informationen fehlen. Ein beträchtliches Maß an unbewußter Information läßt sich aber aus dem eigenen Unterbewußten beziehen und erfahren, und zwar nachts beim Träumen. Ihre Träume schalten sozusagen eine Taschenlampe an, um Ihnen im Finstern den Weg aus dem Verlies zu zeigen. Sie können Ihnen Aspekte einer Situation offenbaren, die Sie ganz übersehen hatten, oder sie können mit der Genauigkeit eines Computers Szenarien möglicher Folgen der und der Entscheidungen durchspielen.

Je stärker Sie sich auf Ihre Träume konzentrieren, desto reichhaltiger und tiefer scheinen sie zu werden. Der Teil Ihres Geistes, der die Träume erschafft, ist außergewöhnlich sensibel und empfänglich. Es ist, als lerne die „Traummacher"-Sektion Ihres Geistes mindestens genauso schnell, mit Ihnen zusammenzuarbeiten, wie Sie umgekehrt lernen, sich auf sie einzulassen. Viele Leute haben mir schon berichtet, ihre Träume seien zunehmend „benutzerfreundlich" geworden, nachdem sie sich entschlossen hätten, von ihnen möglichst viel zu lernen. Über diese Art, die Kommunikation mit seiner eigenen Psyche zu erfahren, kann man nur staunen. Gleichzeitig kann das auch unser Vertrauen auf andere Aspekte unseres Lebens beträchtlich vertiefen.

Stellen Sie sich die Traumarbeit als Lernprozeß und gleichzeitig als spannendes Abenteuer vor.

Die Arbeit mit Träumen ist deshalb besonders wertvoll, weil uns die Informationen, die sie uns bereithalten, auf sehr reale, praktische Weise nützen können und weil Sie merken werden, wie lohnend ihre Erforschung ist. Im übrigen muß man dieses

Unternehmen nicht mit tiefgründigen philosophischen Gedanken begründen oder mit spirituell hochgestochenen Theorien ausstatten. Allerdings brauchen Sie diese Bereiche auch nicht auszusparen, wenn sie ohnehin bereits Bestandteil Ihres Lebens sind. Das Verständnis Ihrer Träume stärkt in jedem Fall Ihre Fähigkeit, auf dem Gebiet, das Ihnen besonders am Herzen liegt, neue schöpferische Kräfte zu entwickeln und selbst reifer zu werden. Je neugieriger, respektvoller und spielerischer Sie mit Ihren Entdeckungen umgehen, desto größer wird Ihr Erfolg sein.

Gelegentlich neigen Neulinge auf dem Gebiet der Traumdeutung dazu, derart bitter ernst mit möglichen Folgen ihrer Träume zu rechnen, daß sie sich gegenüber bestimmten Einsichten geradezu *blockieren*, vor lauter Angst, es könnten irgendwelche tiefsitzenden psychologischen Probleme oder Schwächen bei ihnen ans Licht kommen. Nicht selten wendet sich jemand an mich, der dermaßen vom offensichtlichen Inhalt eines Traums vor den Kopf gestoßen ist, daß er/sie meine Hilfe in Anspruch nehmen will, um seinen Sinn zu entschlüsseln. Es ist wichtig, daß man schockierende Träume genauer untersucht, und zwar nicht nur deshalb, weil sie auf ein Problem hindeuten könnten, sondern auch, weil diese schokkierende Art wohl die Form war, mit der der Träumende auf etwas Wichtiges aufmerksam gemacht werden sollte. Sie werden bald lernen, daß beängstigende Träume eher Anzeichen dafür sind, daß Ihnen Ihr Geist eine wichtige Einsicht deutlich vor Augen führen will, als daß er Ihnen eine drohende Gefahr ankündigen möchte.

Ganz unabhängig davon, ob ein Traum erfreulich oder angsterregend war (oder ob Sie sich von seinem Inhalt haben verstören lassen), sind alle Träume grundsätzlich wertvoll und werden uns letztlich als *Hilfe* angeboten. Lassen Sie sich nie von der Beschaffenheit eines Traumes davon abhalten, ihn näher zu untersuchen. In jedem Fall wird seine nähere Überprüfung seine emotionale Wucht beheben und Ihnen irgendeine hilfreiche Einsicht erschließen.

Nehmen Sie eine „Lernhaltung" ein.

Der Prozeß des Verstehens Ihrer Träume ist genau das: ein Prozeß. Es ist wichtig, mit innerer Lernbereitschaft an die Untersuchung seiner Träume heranzugehen, sowie mit der festen Hoffnung, jeder einzelne Traum lasse sich tatsächlich entschlüsseln.

Eine solche „Lernhaltung" bietet zwei Vorteile. Zunächst einmal ermutigt sie zum Experimentieren, ohne daß man gleich Angst hat, etwas „falsch zu machen"; denn wer lernt, darf Fehler machen. Außerdem erlaubt sie, sich mit schwankenden Ergebnissen zufriedenzugeben, denn das Ziel ist nicht, bis spätestens Dienstag ein ausgewachsener Experte auf diesem Gebiet zu sein; nein, man lernt ja noch ständig dazu. Ob Sie nun einen bestimmten Traum „knacken" und seinen Sinn herausfinden oder nicht, Sie lernen auf jeden Fall etwas, indem Sie den Traum festhalten und über mögliche Deutungen nachdenken. Natürlich möchten Sie Ihre Träume richtig deuten können; deshalb fangen Sie ja mit diesem Unternehmen an. Aber wenn Sie sich vor allem auf den *Prozeß* ihrer Erforschung konzentrieren, vermeiden Sie Erfolgsstreß und Lampenfieber (vor allem, wenn Sie in einem Arbeitskreis für Traumdeutung sind), denn Sie sind dann ganz sachlich damit beschäftigt, die besten Techniken herauszufinden, die den Sinn eines Traums an den Tag bringen. Je mehr Sie üben, desto mehr wird Sie der Prozeß des Erforschens faszinieren. Viele, die sich für das Deuten von Träumen begeistert haben, spüren, daß das Erforschen eines Traums zu einer Art großartiger persönlicher Begabung wird, die man für sich selbst genießen und mit anderen teilen kann.

Gehen Sie davon aus, daß jeder Traum einen Sinn hat.

Bestimmte Träume schreibt man leicht als sinnlos ab, weil sie völlig vordergründig zu sein scheinen oder weil man sich nur noch an einen Fetzen davon erinnert. Das ist zwar verständlich, aber es ist ein Fehler, den Sie vermeiden sollten. Noch verbreiteter ist, daß Anfänger ihren Traum *entschuldigen*, weil er angeblich keinerlei Sinn habe, weil sie erkennen, daß er Erlebnisse vom Tag aufgegriffen hat, etwa eine Fernsehsendung, die sie gesehen oder ein Gespräch, das sie geführt haben.

Wenn Sie Ihre Träume verstehen wollen, ist es jedoch von grundlegender Wichtigkeit, daß Sie wissen: *Selbst wenn Ihr Geist nur Material aus Ihren Tageserlebnissen „borgt", um sie im Traum zu verwenden, muß das nicht heißen, daß dieses verwendete Material den Traum verursacht hat.*

Viele Eltern sagen ihren Kindern, ihre schlechten Träume kämen davon, daß sie schreckliche Filme anschauen. Das stimmt nur zum Teil. Tatsächlich haben Emotionen, die durch Filme, Fernsehsendungen oder sonst irgendein Erlebnis aufgewühlt worden sind, die Neigung, in unsere Träume einzugehen. Und oft benützt der Traum ganze Versatzstücke, die offensichtlich direkt aus dem letzten Film stammen. Trotzdem *ist nicht der Film der Sinn des Traums*. Ich betone das besonders, weil zu meinem Erstaunen selbst ernsthafte Schüler irgendeinen Trauminhalt, sagen wir: „blaue Tapeten", damit beiseiteschieben, daß sie sagen, das komme nur von den blauen Tapeten, die sie neulich gesehen hätten. Das ist ein Trugschluß, der leicht unterläuft, wenn man sich nicht deutlich die Wahrheit vor Augen hält, in der alle Traumexperten übereinstimmen: *jeder Traum hat einen Sinn*. Es gibt Träume, die anscheinend nur aus sogenannten „Tagesresten" zusammengekleistert scheinen, und in einem gewissen Maß besteht die Arbeit von Träumen darin, extreme Anreize und extreme Emotionen, die im Lauf des Tages aufgetreten sind, zu sortieren. Aber die Merkmale, Symbole und Handlungen, die der Traum aufgreift, greift er nicht willkürlich auf: er wählt sie aus, weil sie etwas bedeuten. Wenn Sie keinen Anreiz verspüren, sich mit einem bestimmten Traum gründlicher zu befassen, dann geben Sie zu, daß Sie sich gerade nicht für ihn interessieren, aber schieben Sie ihn nicht mit der Begründung beiseite, er sei belanglos, weil Sie in ihm deutlich eine Handlungsszene aus dem Film „Das Piano" erkennen. Sie haben Ihrer Lebtag schon eine Menge Filme und Fernsehsendungen gesehen, und Ihre Traummacher-Instanz kann auf ein reichhaltiges Quellenmaterial zurückgreifen. Interessant ist immer die Frage, ***warum*** sie gerade auf ***dieses bestimmte*** Material zurückgreift. Diese bestimmte Auswahl hat doch wohl einen bestimmten Sinn; mit ihrer Hilfe soll im Traum eine bestimmte Aussage gemacht werden. Wenn Sie verkennen, wie kunstvoll jedes Element Ihres Traummaterials ausgewählt ist, und meinen, das sei alles rein zufällig zusammengewürfelt, dann bringen Sie sich um den Sinn der jeweiligen Auswahl und Komposition.

Nachdem dies klargestellt ist, muß gleich ein anderer wichtiger Punkt hinzugefügt werden. Genau wie der Traum und sein Inhalt und seine Darsteller einen Sinn haben und kein bloßer „Zufall" sind, so hat auch die genaue Plazierung eines bestimmten Traums in der Abfolge der Träume einer Nacht ihren Sinn. Sie denken vielleicht: „O je, jetzt wird es zu kompliziert. Ich soll mich nicht bloß an den Traum erinnern, sondern auch noch daran, zwischen welchen anderen Träumen er mir genau gekommen ist." Tatsächlich: wenn Sie sich daran erinnern können, tun Sie das. Warum das so wichtig ist? Weil der Mechanismus unserer Träume derart ausgeklügelt ist, daß Ihnen oft ein benachbarter Traum den Schlüssel zur Deutung eines Traumes liefert, dessen Sinn Ihnen dunkel bleibt. Das ist also ein weiteres Beispiel für Ihre erste Faustregel zum Traumdeuten: gehen Sie davon aus, daß alles beabsichtigt ist und einen bestimmten Sinn hat. Beschäftigten Sie sich vor allem mit dem, was Sie besonders anzieht, aber unterstellen Sie, daß an Ihren Träumen grundsätzlich alles einen Sinn birgt.

Ich will Ihnen das Beispiel einer ehrgeizigen und gewieften jungen Frau erzählen, die über ein Jahr lang in einer aufregenden Beziehung zu einem von ihr angebeteten Mann gelebt hatte, aber Schwierigkeiten bekommen hatte, ihre eigene Unabhängkeit zu wahren. Sie kam zu mir, weil sie sich Sorgen wegen eines Angsttraums machte, der sie wiederholt heimgesucht hatte.

Ich bin allein im Haus und fühle mich rundum wohl, als ich entdecke, daß im Garten hinterm Haus ein Monster hockt. Ich renne durchs ganze Haus und verriegle alle Türen und Fenster. Ich fühle mich sehr nervös und verängstigt. Irgendwie kommt mir das Monster bekannt vor, aber ich weiß nicht, woran das liegt. Ich verstehe nicht, wie das Monster in meinen Garten kommen konnte, ohne daß ich es bemerkt hatte. Ich meine gerade, daß ich alles gut dichtgemacht habe, als es anfängt, gegen die Fenster zu hämmern, um hereinzubrechen und sich auf mich zu stürzen. Ich kann nur hoffen, daß die Fenster und Türen stabil genug sind, damit es nicht hereinkommt. Dann habe ich einen anderen Traum.

Hätte Lynn nicht noch erwähnt: „Dann habe ich einen anderen Traum", so wären wir vielleicht gar nicht darauf gekommen, daß dieser andere Traum etwas mit diesen Angsttraum zu tun haben könnte. Hier der zweite Traum:

Ich gehe gerade mit Jay irgendwohin. Wir fühlen uns sehr nahe und glücklich. Ich denke, welches Glück wir haben, daß wir einander gefunden haben, und daß die schwierigen Zeiten gar nicht zählen. Ich erzähle ihm von dem Monster, das mir Angst gemacht hat, und er drückt mich fest an sich.

Man hätte jeden dieser beiden Träume für sich anhand seines jeweiligen Inhalts deuten können. Beide zusammengenommen machten mir Sorgen. Ich fragte Lynn nach ihren weiteren Erinnerungen an Träume von diesem Monster, und tatsächlich war jedesmal unmittelbar auf diesen Traum ein Traum vom Zusammensein mit Jay gefolgt, und jedesmal hatte sie sich im Traum gesagt, daß die schwierigen Zeiten mit Jay ja gar nicht zählten. Bei der näheren Beschreibung ihrer Beziehung zu Jay zeigte sich, daß dieser eine geradezu gespaltene Persönlichkeit hatte: eine rachsüchtige, eifersüchtige, zornig-gewalttätige Seite, und eine liebevolle, zärtliche, humorvolle, in die sie ganz verliebt war.

Ich kam zur Überzeugung, daß Lynn von ihren Träumen die dramatische Warnung erhielt, daß die „monströse" Seite Jays für sie eine echte Gefahr darstelle. Allerdings war sie zu dem Zeitpunkt nicht in der Lage, diese Deutung zu akzeptieren. Lynn bestritt, daß ihre Freund ihr jemals etwas Verletzendes antun könne, und sie beschloß, in der Achterbahn-Beziehung mit ihm zu bleiben. (Die meisten von uns haben Schwierigkeiten damit, eine unerwünschte Wahrheit zu akzeptieren, und man sollte daraus niemandem einen Vorwurf machen. Man ist dann einfach noch nicht reif, um das anzunehmen, was einem seine Träume geradezu zuschreien.) Erst als Jay im Lauf einer seiner Wutausbrüche gewalttätig wurde, Lynn schlug und ihre halbe Wohnungseinrichtung zertrümmerte, war sie imstande, das Monster aus ihren Träumen klar zu idenzifizieren und den Entschluß zu fassen, sich von ihm zu trennen.

Ihre Träume spiegeln die Art, wie Ihr inneres Selbst die Ereignisse Ihres Lebens wahrnimmt.

Sie stellen sich vielleicht die Frage, warum uns unsere Träume nicht „geradeheraus sagen", um was es geht, also ihren Sinn direkter mitteilen. Ein Grund dafür ist, daß Sie den direkten Sinn in Ihren wachen Stunden leben, aber es kann sein, daß Sie sich wie Lynn weigern, der Wahrheit ins Auge zu sehen. In solchen Fällen *wird die Traumhandlung auf Ihre mangelnde Bereitschaft, die Wahrheit zu sehen, zugeschnitten.* Geradeheraus gesagt, würden Sie die Wahrheit von sich weisen oder sich dagegen sperren. Folglich versteckt oder verkleidet Ihr Traum diese Wahrheit, damit Sie sie an sich heranlassen, ohne es recht zu merken. Ihre Träume spiegeln gewöhnlich die Art, wie Ihr inneres Selbst die Ereignisse Ihres Lebens wahrnimmt. Lynns Träume gaben ihre innere Erfahrung recht treffend wieder: es gab darin den Mann, den sie liebte, und daneben das Monster, das ihr Angst machte. *Sie nahm sie als zwei getrennte Wesen wahr,* und ihre Träume ließen sie als solche auftreten. Sie ließen auch Lynn auftreten, wie sie sich sagte, sie brauche sich wegen Jay nicht den Kopf zu zerbrechen. Unser Unterbewußtes sieht die Dinge auf künstlerische, metaphorische Weise. Es spricht in einer Bildersprache, verwendet Gleichnisse und Symbole, macht Übertreibungen. Wenn Sie sich auf diesen Stil der Kommunikation einlassen und damit arbeiten, statt ihn nur als gespenstische Verzerrung der „Wirklichkeit" zu betrachten, nimmt Ihre Fähigkeit rasch zu, wichtige Informationen, die Ihnen geboten werden, spontan zu erkennen.

Ihre Träume handeln fast immer von Ihrem gegenwärtigen Leben oder von etwas, das damit zu tun hat.

Der letzte wichtige Punkt, den Sie sich beim Entschlüsseln Ihrer Träume vor Augen halten sollten, ist: *Ihre Träume beziehen sich fast immer auf etwas, das derzeit in Ihrem Leben stattfindet.* Stimmt das auch dann, wenn Sie von etwas träumen, das geschehen ist, als Sie fünf Jahre alt waren? Durchaus. Sie träumen dann von diesem Vorfall, weil sich in Ihrem gegenwärtigen Leben etwas abspielt, das emotional oder symbolisch dem gleicht, was sich damals in Ihrem Leben ereignet hat.

Es kann sein, daß eine Prägung, die Sie durch ein bestimmtes Kindheitserlebnis erhalten haben, in Ihre jetzige Beziehung hereinwirkt, oder daß Ihre neue Tätigkeit Sie auf eine Art beeinträchtigt, die Ihr Unterbewußtes an eine Kränkung in Ihrer Kindheit erinnert. Selbst wenn also ein Traum ganz in der „Vergangenheit" zu spielen scheint, hat er seinen Grund darin, daß ein gegenwärtiges Erlebnis einer Begebenheit entspricht, die Sie irgendwann in der Vergangenheit erlebt haben; vielleicht soll Ihnen auch etwas vor Augen geführt werden, das zu Ihrer Ermutigung noch einmal „aufgeführt" wird. Von dieser Regel können Sie immer ausgehen. Gelegentlich hat man sogar wichtige Träume, die etwas über die Zukunft aussagen. Selbst wenn sie von zukünftigen Dingen handeln, stellen auch sie sich gewöhnlich dann ein, wenn sie Ihnen einen besonders hilfreichen Impuls für die Gegenwart geben können, oder wenn Sie für sie infolge Ihrer derzeitigen Umstände besonders offen sind.

Je größer Ihre Bereitschaft ist, die Wahrheit herauszubringen, desto fruchtbarer sind Ihre Bemühungen um die Deutung.

Viele Überlieferungen sagen, wenn man sich um die Weisheit bemühe, indem man neue Fertigkeiten erwerbe und ganz offen für sie sei, komme einem die Weisheit auf halbem Weg entgegen, und zwar über Ereignisse und Menschen, denen man begegne. Das gilt auch für die Traumdeutung. Je mehr Erfahrung Sie bei Ihren Deutungen sammeln und je offener Sie werden, desto zugänglicher und aufschlußreicher werden Ihre Träume. Sie können das vergleichen mit dem Unterschied zwischen jemandem, der Ihnen überhaupt nicht zuhört, wenn Sie mit ihm reden, und jemandem, der stehenbleibt, alles andere beiseite läßt und sich ganz auf Sie konzentriert, ja Ihnen sogar noch Fragen stellt, um Sie besser zu verstehen. Natürlich werden Sie der zweiten Art von Gesprächspartner alles ausführlicher erzählen und ihm mehr offenbaren. Genauso reagiert der Teil Ihres Geistes, der für die Erschaffung Ihrer Träume zuständig ist. Wenn Sie sich für ihn interessieren, wird er ausführlicher. Stellen Sie sich das immer so vor, daß hierbei ein Teil Ihres Geistes vom andern lernt. Beide Aspekte Ihres Geistes verfügen über eine bestimmte Art von Bewußtsein und eine bestimmte Art von Intelligenz.

Hier spielt sich also regelrecht ein interaktiver Lernprozeß ab; Sie werden sich Ihrer Träume bewußt, und Sie erörtern Figuren früherer Träume mit Figuren in Ihrem gegenwärtigen Traum. Nach und nach wird Ihnen die reichhaltige Fülle Ihrer Träume eine Ahnung davon geben, zu welchen Intelligenzleistungen und komplizierten Spielen Ihr Geist fähig ist. Ein Schüler von mir hat geäußert: „Ich kann es gar nicht glauben, daß in meinem Geist so *ungeheuer viel* steckt!"

Wenn Sie Ihr Leben im Wachzustand betrachten, sehen Sie es durch den Filter Ihrer Hoffnungen, Ängste, Erwartungen und Überzeugungen. Ihr innerer Geist aber sieht Ihr waches Leben ganz anders, denn er ist nicht von der tendenziösen Einstellung beeinträchtigt, die Ihre bewußten Überzeugungen vornehmen. So kommt es, daß Sie beim Blick auf Ihr Leben im Traum Dinge sehen, die Ihnen im Wachzustand völlig verborgen geblieben sind.

Das ist ein Grund dafür, weshalb das Erörtern seiner Träume mit anderen eine unschätzbare Hilfe ist, um ihren Sinn zu entschlüsseln. Weil man es dabei oft mit unbewußtem Material zu tun hat, ist es geradezu natürlich, daß man von seinen eigenen Träumen mehr verwirrt wird als ein Außenstehender. Aus diesem Grund ist es äußerst hilfreich, sich zumindest eine Zeit lang mit anderen zur Traumdeutung zusammenzutun oder einen Traumanalytiker zu konsultieren. Anderen Menschen fallen bestimmte Dinge in Ihren Träumen viel stärker auf, während Sie selbst vielleicht an irgendetwas hängenbleiben und dabei wichtige Dinge übersehen.

Da träumen Sie zum Beispiel, daß Sie heimkommen und in Ihrem Wohnzimmer ein riesiger Schreibtisch steht. Er ist größer als ein Auto und füllt den ganzen Raum des Wohnzimmers aus. Sie schließen daraus vielleicht (ganz richtig), daß in Ihrem Leben irgendwelche Proportionen nicht mehr stimmen. Wenn nun jemand, mit dem Sie den Traum besprechen, darauf aufmerksam wird, daß der Schreibtisch im Traum genauso aussieht wie Ihr Schreibtisch am Arbeitsplatz, würde er Sie unverzüglich auf die ganz konkrete Frage festnageln, ob Sie sich Ihren „Lebens"-Raum und Ihre „Lebens"-Zeit nicht allzusehr von Ihrer Arbeit zustellen lassen. Sie haben vielleicht nur beiläufig registriert, daß der Schreibtisch im Traum genau wie Ihr eigener Schreibtisch ausgesehen hat, und dem keine weitere Bedeutung zugemessen. Jemand anderer kommt sofort darauf, daß Ihr Traummacher ganz bewußt unter hunderten von möglichen Schreibtischen gerade Ihren eigenen Schreibtisch ausgewählt hat, und daß dies ein wichtiger, ja *der* Schlüssel-Aspekt ist. Wenn Sie also Ihre Träume gemeinschaftlich analysieren, können Sie bestimmte Aussagen, die in den einzelnen Handlungselementen und Szenen versteckt sind, besser entdecken, während Sie von Ihrer Aufmerksamkeit oder Ihrem Interesse voreingenommen und damit sehr eingeschränkt sind, wenn Sie Ihre Träume immer nur ganz allein deuten.

Das Erlernen einer Kunst ist hilfreicher als das Übernehmen einer Theorie.

Träume haben derart viele Sinnmöglichkeiten, daß man beim Versuch, sie alle zu erfassen, leicht erschlagen werden kann. Die Sache wird noch verwirrender durch den Umstand, daß es eine Vielzahl an Schulen von Psychologen und Forschern gibt, die behaupten, nur eine bestimmte (nämlich ihre eigene) Methode sei für die Traumanalyse die richtige. Wenn Ihre Wißbegier bezüglich der Traumdeutung ziemlich groß ist, empfehle ich Ihnen, die Denker zu lesen, die Ihnen spontan zusagen. Betrachten Sie deren Überzeugungen und Einsichten als eine Art kaltes Buffet. Nehmen Sie, was Ihnen zusagt, und lassen Sie den Rest stehen.

Je mehr Meinungen Sie hören, desto deutlicher wird Ihnen aufgehen, daß sie eine ganze Reihe von allgemeingültigen Aussagen enthalten. Vor allem auf diese allgemeingültigen Aussagen sollten Sie achten, und nicht so sehr auf die Theorien der jeweiligen Schule. Wenn Ihnen dann einiges Grundsätzliche über Träume und ihre vermutliche Beschaffenheit klargeworden ist, haben Sie eine gute Grundlage, um sich selbst an das Deuten zu begeben.

Hüten Sie sich davor, sich allzu strikt an eine bestimmte Lehrmeinung zu halten, denn das könnte Ihre Fähigkeit, wichtige Verstehensschlüssel zu erkennen, beträchtlich einschränken. Das ist wie bei jeder Wissenschaft und Forschungstätigkeit: ein Stück weit steht und fällt Ihr Erkenntnisvermögen mit dem, was Sie erwarten oder womit Sie von vornherein als Möglichkeit rechnen. Unter diesen Umständen halte ich es für besser, sich gelegentlich aus lauter Offenheit zu täuschen, als sein eigenes Genie von vornherein durch enge Theorien lahmzulegen. Wenn Sie einige Erfahrung im Traumdeuten gesammelt haben, bekommen Sie ein Gespür dafür, wann der innere „Groschen fällt", weil man mit seiner Deutung ins Schwarze trifft. Falls Sie Rätsel-, Mysterien- oder Detektivgeschichten mögen, kennen Sie ein ähnliches Aha-Erlebnis von dem Moment, wo Ihnen ein Licht aufgeht, „wer der Täter war". Bietet Ihnen jemand anders eine Deutung, und Sie haben das Gefühl, daß diese nicht Ihrer subjektiven Erfahrung entspricht, dann müssen Sie damit rechnen, daß die Deutung höchstwahrscheinlich entweder falsch oder unvollständig ist, so kompetent und erfahren der Deuter auch sein mag.

Allgemeine Aussagen über Träume sind hilfreiche Kurzformeln, aber keine fix und fertigen Gebrauchsanweisungen.

Vielleicht haben Sie schon einmal die Auffassung gehört, alle Figuren in Ihrem Traum seien lediglich Einzelaspekte Ihres eigenen Ich. Das ist ein beliebtes Deutungsmuster, und tatsächlich kann es bei der Traumdeutung recht aufschlußreich sein. Doch wenn man sich darauf beschränkt, kann man wichtige Einsichten und den wirklichen Sinn eines Traums verpassen. Es ist so, daß *manchmal* die auftretenden Personen in einem Traum jeweils Einzelaspekte des Träumenden selbst verkörpern; aber wenn man diese Deutung überzieht, mißversteht man sehr viele Träume. Die Faustregel für das Erkennen von Gestalten ist: beschreiben Sie die einzelnen Personen oder Wesen in Ihrem Traum möglichst genau, und dann versuchen Sie herauszubringen, an wen Sie die betreffende Figur erinnert. Worauf es dabei ankommt, ist, daß Sie sich *nicht darauf beschränken, Ihre Traumfiguren vordergründig zu beschreiben, sondern sie als Charakterdarsteller erfassen*; dann können Sie besser sehen, welchem Charakter in Ihrem eigenen Leben sie entsprechen. Wenn der Charakter ziemlich genau dem Ihres Nachbars nebenan entspricht, dann stellt er höchstwahrscheinlich auch diesen dar. Wenn der Charakter am besten auf einen Aspekt Ihrer selbst zutrifft, können Sie damit rechnen, daß Ihnen damit tatsächlich ein Zug Ihrer eigenen Persönlichkeit vor Augen geführt werden soll.

Kapitel 3

Ihr Traum-Tagebuch: ein wichtiges Hilfsmittel, sich zu erinnern

Die beste Methode, das Erinnern seiner Träume zu trainieren und sich systematisch mit ihrer Deutung zu befassen, ist das Führen eines Tagebuchs. Wie Sie das genau führen, ist Ihre Sache. Wenn Sie ein sehr gewissenhafter Mensch sind, werden Sie ein ganz übersichtliches, klar strukturiertes Tagebuch anlegen wollen. Ich schlage vor, ein Heft mit möglichst breitem Rand dafür zu verwenden, denn wenn Sie Ihre Träume aufschreiben, werden Sie eine Menge Notizen über ihre Assoziationen mit allen möglichen Bildern und Handlungen anbringen wollen.

Sind Sie von eher sprunghafter, unsystematischer Natur (was ich lieber als *spontan* bezeichnen möchte), verwenden Sie ein Notizheft ganz nach Ihrem Belieben und Geschmack und befestigen Sie gleich einen Kugelschreiber daran. Dann werden Sie nicht durch das umständliche Suchen nach einem Schreibgerät zerstreut, wenn Sie rasch etwas aufschreiben wollen. Vor allem, wenn Sie schlaftrunken sind, aber Ihre Träume gerade noch *voll da* sind, sollte Sie nichts aufhalten, sie auf der Stelle niederzuschreiben.

Inzwischen gibt es viele attraktive „Traum-Tagebücher" auf dem Markt; manche wirken recht lustig oder geradezu magisch. Aber es bringt nichts zur Sache, seine Eintragungen in ein besonders stilvolles Tagebuch zu machen, es sei denn, die besondere Aufmachung fördere Ihre Lust, regelmäßig Ihre Träume schriftlich festzuhalten. Worauf es hingegen ankommt, ist, daß Sie immer genügend Platz haben, um alles aufschreiben zu können, was Ihnen kommt, und zwar auch alle Assoziationen und Gedanken über die betreffenden Träume. Manche Tagebücher haben den Nachteil, daß sie als Bücher so gebunden sind, daß sie nicht von allein aufgeschlagen bleiben. Oft werden Sie über Ihren Traum als ganzen gründlicher nachdenken wollen, und dann ist es eine große Hilfe, ihn auf einer Doppelseite komplett vor sich liegen zu haben. Die meisten Anfänger auf diesem Gebiet finden ein Spiral-Buch am praktischsten; es ist solide und bietet reichlich Platz zum Schreiben. Die Faustregel hierzu ist, daß Sie nehmen sollten, was Ihnen liegt. Wenn Sie Ihr Tagebuch verzieren und daraus ein Kunstwerk machen wollen, dann tun Sie das auf jeden Fall. Ist es Ihnen dagegen eher unangenehm, so großes Aufheben um das Aufschreiben Ihrer Träume zu machen, dann pflegen Sie eine lockere und freundliche Beziehung zu Ihrem Tagebuch. Ich selbst benütze ein Spiral-Buch als Tagebuch; daran steckt immer ein Filzschreiber, und es liegt unter meinem Bett bereit. Ich habe schon versucht, meine Träume direkt in den Computer zu schreiben (um ein ganz sauberes Manuskript zu haben), aber die Zeitspanne zwischen dem Aufwachen und dem Starten des Computers hat sich als Hindernis erwiesen. Es ist wichtig, Ihre Träume sofort aufzuschreiben, solange sie noch frisch sind. Versuchen Sie nicht, sie schon während des Aufschreibens zu deuten. Ihre Aufgabe besteht zunächst einmal einfach darin, sie festzuhalten, ehe sie sich im Alltagsbetrieb verflüchtigen. Beschreiben Sie sie so gut und ausführlich wie möglich. Wenn Sie sich nur an ein Bild oder eine Episode erinnern, schreiben Sie das auf. Lassen Sie nichts bloß deshalb weg, weil es Ihnen wie ein Bruchstück vorkommt.

Suchen Sie eine für Sie leichte Möglichkeit – dann klappt es!

Manche ziehen es vor, ihre Träume auf Band zu sprechen und sie später davon abzuschreiben. Wenn Ihnen das zusagt, versuchen Sie es damit. *Testen Sie die Zweckmäßigkeit Ihrer Methode nach dem Kriterium, ob Sie es gern tun oder lieber bleiben lassen.* Wenn man daraus eine zu komplizierte Technik werden läßt oder sich zu viel Arbeit damit macht, wird die Neigung überstark, das Tagebuchschreiben wieder bleiben zu lassen. Wenn Sie zum Perfektionismus neigen und sich Maßstäbe setzen, die Sie überfordern, hat das wahrscheinlich zur Folge, daß sie das ganze bald wieder aufzugeben. Das Führen eines Traum-Tagebuchs sollte Spaß machen und spannend bleiben.

Wenn Sie nicht wollen, brauchen Sie nicht jeden Morgen einen Traum aufzuschreiben. Allerdings: je mehr Sie gleich am Anfang die Fähigkeit entwickeln, Ihre Träume „einzufangen“, desto stärker wird die Beziehung, die Sie zu diesem Teil Ihrer selbst aufbauen. Nach manchen Nächte werden Sie sich gleich an mehrere Träume erinnern. Das wird Ihnen dann vorkommen, als hätten Sie den Jackpot geknackt. Wenn sich Ihnen die Gelegenheit bietet, gleich auf mehrere Träume aus einer einzigen Nacht zurückschauen zu können, so empfehle ich Ihnen, diese Gelegenheit zu nutzen. Wenn Sie mehrere ganz unterschiedliche Träume in einer Nacht haben, bieten sich Ihnen oft mehrere Blickwinkel, unter denen Sie eine bestimmte Situation oder Beziehung sehen können.

Je mehr Träume Sie schriftlich festhalten, desto präziser und genauer werden Ihre Beschreibungen und desto geringer wird die Anstrengung, die Sie dafür aufbieten müssen. Schreiben Sie ganz locker und natürlich, ohne gleich einen druckreifen Text oder eine fehlerlose Grammatik zustandebringen zu wollen. Enthalten Sie sich, dabei kritisch über das ganze Unternehmen nachzudenken. Wer ohnehin gern schreibt, hat Freude daran und neigt zum Verfassen von ausgefeilteren Beschreibungen. Wer beim Schreiben sehr kritisch mit sich selbst oder der Bedeutung des betreffenden Traums ist, neigt eventuell dazu, bestimmte Aspekte des Traums wegzulassen, weil deren Sinn nicht gleich offen zutage liegt. Sie sollten zwar nicht ängstlich und akribisch genau auch noch jedes winzigste Detail eines Traums festhalten wollen, aber Sie tun sich keinen Dienst damit, wenn Sie bewußt bestimmte Färbungen oder Bilder weglassen, bloß deshalb, weil sie Ihnen zum Zeitpunkt des Aufschreibens nicht wichtig erscheinen. Worauf es ankommt, ist, daß Sie Ihren Traum möglichst gut so festhalten, wie Sie ihn tatsächlich erlebt haben, damit Sie später möglichst viel Einsichten aus ihm gewinnen können.

Tagebuch-Eintragungen

Das Folgende ist eine Musterseite dafür, wie Ihr Tagebuch ungefähr aussehen könnte:

> Datum ...
> **Tagesereignisse:** Heute wurde mir mitgeteilt, daß uns eine Betriebsprüfung ins Haus steht. Ich mache mir Sorgen, daß das meine Beförderung in noch weitere Ferne rückt.
> **Traumfrage:** Zeige mir deutlicher meine Gefühle bezüglich der Situation im Betrieb. Sind sie angemessen?
> **Traum:** Ich versuche die vordere Eingangstür zu dem Gebäude zu öffnen, in dem mein Büro liegt, aber sie ist verschlossen. Ich suche nach meinem Schlüssel und finde ihn nicht. Ich kehre um, will zu meinem Auto gehen und heimfahren, um den Schlüssel zu holen, aber ich weiß nicht mehr, wo ich mein Auto geparkt habe. Schließlich gelingt es mir, ein älteres Automodell aufzutreiben, das sich als reine Schrottkiste herausstellt. Ich wache bestürzt auf.
> **Analyse:** Der Traum zeigt mich, wie ich mit einer Situation im Geschäft umgehe. Ich kann also annehmen, daß mein „Traummacher" dieses Thema anspricht. Ich stehe vor einer verschlossenen Tür, fühle mich bestürzt, bin blockiert, weil der Schlüssel fehlt. Als ich heimfahren will, ist mein Auto ein altes Modell, ein schrottreifes Gefährt. Das deutet darauf, daß ich das Gefühl habe, mein Ich sei etliche Sprossen zurückgefallen. Ich fühle tatsächlich die Gefahr, daß mir der Zugang zu meiner Arbeit versperrt wird und daß ich in einem überholten Verhältnis steckenbleibe. Das könnte heißen, daß ich auf das Niveau zurückfalle, auf dem ich war, als ich seinerzeit diese Automarke gefahren habe.

Immer wenn Sie einen Traum in Ihr Tagebuch eintragen, versehen Sie ihn mit dem Datum. Manche Traumspezialisten empfehlen, abends vor dem Zubettgehen solle man seine wichtigsten Gedanken über die Ereignisse des vergangenen Tages notieren. Man kann sie unter der Überschrift „Notizen vom Tag" oder „Tagesereignisse" oder „Heute" eintragen. Diese Notizen können Ihnen eventuell den Einstieg ins Verständnis der Träume geben, die Ihnen während der folgenden

Nacht kommen. Zugleich wirken sie als Signal an Ihren Geist, das ihn darauf aufmerksam macht, daß Sie sich am nächsten Morgen an Ihre Träume erinnern und sie aufschreiben wollen. Man muß allerdings realistischerweise sagen, daß diese Übung, morgens und abends genau Tagebuch zu führen, einigen Einsatz verlangt. Vielleicht reicht es auch, wenn Sie sich nach dem Niederschreiben eines Traums einige Stichworte über Ihre gegenwärtige Lebenssituation machen oder sich im Nachhinein aufschreiben, welche Gedanken Sie vor dem Schlafengehen besonders beschäftigt haben.

Eine junge Frau namens Sarah erzählte mir zum Beispiel, in einer Nacht habe sie wiederholt von einer entmutigenden Situation im Geschäft geträumt, und sie erinnerte sich, daß sie beim Schlafengehen lebhaft an die Beziehung zu ihrem Freund gedacht hatte und wie weh es ihr tat, daß er ihr gegenüber so gefühllos war. Beim näheren Zusehen erkannten wir, daß das selbe Muster, das ihr bezüglich ihrer Situation im Geschäft zusetzte – nämlich ihre Tendenz, sich selbst ganz zurückzunehmen, um angenommen zu werden –, auch auf die Beziehung zu ihrem Freund zutraf. Ihr ging auf, daß sie sich in ihrer Beziehung immer kleiner und kleiner machte, aus dem verfehlten Versuch heraus, ihrem Partner möglichst viel Raum zu lassen, damit er seine Gefühle zum Ausdruck bringen könne. Sarah wurde durch ihre Träume darauf aufmerksam gemacht, daß sie sich mit diesem Muster der Interaktion geistig in eine Sackgasse verrannt und emotional ausgelaugt hatte. Hätte sie sich nicht daran erinnert, was sie unmittelbar vor dem Einschlafen beschäftigt hatte, so hätte sie wahrscheinlich diese Traumbilder nur mit ihrer Situation im Geschäft in Verbindung gebracht und nicht gesehen, daß sie ganz wesentlich mit ihrem persönlichen Leben zu tun hatten.

Wenn Sie die Gegenwartsform verwenden, werden Ihre Traum-Erinnerungen deutlicher.

Wenn Sie Ihre Träume aufschreiben und sie eventuell später anderen erzählen, rate ich Ihnen, dabei die Gegenwartsform zu verwenden. Sagen Sie also nicht: *Ich ging zur Tür und öffnete sie, und draußen stand mein Lehrer vom Gymnasium,* sondern: *Ich gehe zur Tür, öffne sie, und draußen steht mein Lehrer vom Gymnasium.*

Zunächst mag Ihnen das Schreiben in der Gegenwartsform nicht liegen, aber das ist ein hervorragendes Hilfsmittel, um sich den Traum besser und genauer zu vergegenwärtigen. Außerdem verstärkt das die Tendenz, den Träumer unmittelbar in die *Erfahrung* seines Traums zurückzuversetzen. Wie Sie sich während dieses Traums *gefühlt* haben, ist einer der wichtigsten Schlüssel für sein Verständnis. Unsere subjektiven Gefühle scheinen der Anteil zu sein, der sich am schnellsten verflüchtigt, und Anfänger neigen dazu, ihre Gefühle wegzulassen, wenn sie anderen ihre Träume erzählen. Aber gerade Ihre Gefühle sind es, was Ihnen am genauesten darüber Auskunft geben kann, worauf sich Ihr Traum bezieht. Hier das Beispiel eines Traum-„Fragments" eines Mannes namens Paul.

Ich stehe in einem Feld. Die Sonne brennt auf mich nieder. Ich bin von allen Seiten von Blumen umgeben.

Oberflächlich gesehen, sieht das wie ein recht angenehmes Traum-Fragment aus. Solange Paul seine Gefühle, die er während dieses Erlebnisses hatte, wegläßt, würde wohl jeder, der diesen Traum zu deuten versucht, zunächst einmal unterstellen, es handle sich um einen recht erfreulichen Traum. Doch als ich Paul bat, sich an seine Gefühle während dieses Traums zu erinnern, kam Folgendes heraus:

Ich fühle mich in dem Feld gefangen. Die Blumen sehen schön aus, aber mir ist nicht wohl, daß sie mich so umschließen. Die Sonne brennt auf mich nieder und ich habe Angst, denn nirgends kann ich mich unterstellen oder Schatten finden. Ich bin bestürzt, daß mich ein paar Blumen so ängstigen können, und ich spüre auch, daß sie etwas anderes sind, als sie darstellen.

Verbunden mit dem *Gefühl*, sieht der Traum also völlig anders aus und zeigt einen ganz anderen Sinn. Ausgehend von diesen Gefühlen Pauls über diese Szene in freier Natur, konnten wir eine Verbindung zu seinem insgeheimen Unbehagen über seine neue berufliche Situation herstellen. Darin „sah alles ganz rosig aus", aber Paul hatte das unbestimmte Gefühl, „daß in Wirklichkeit alles ganz anders war als es aussah". Man bot ihm mehr Nebenverdienst als erwartet, und man ermutigte ihn, etwas Gutaussehendes zu verkaufen, doch er wollte noch gründlicher darüber informiert werden. Sooft er versuchte, genauer abzuklären, was eigentlich dahintersteckte, wurde ihm von den anderen Angestellten „eingeheizt". Sie taten das immer auf eine so liebenswürdige, fast körperlich spürbar gekünstelte Art, daß Paul immer mehr gemischte Gefühle bekam. Das Traum-Fragment hielt Paul also deutlich die Unausstehlichkeit der Lage vor Augen, und gleichzeitig zeigte es ihm mittels seiner Gefühle, daß seine Bedenken eine ernsthafte Untersuchung angeraten sein ließen.

Achten Sie besonders darauf, die Gefühle, die Sie in Ihren Träumen haben, festzuhalten.

Wenn Sie Ihre Träume in einer Gruppe, mit einem Traumanalytiker oder Therapeuten besprechen, oder wenn Sie selbst Ihre Träume genauer analysieren, achten Sie immer darauf, Ihre Gefühle während des Traums mit einzubeziehen, und genauso Ihre späteren Reaktionen auf den Traum, wenn Sie ihn aufschreiben oder in Ihr Tagebuch eintragen. Diese Erinnerungen können öfter als eine Art Abkürzer auf dem Weg zur genauen Identifikation des Sinns Ihres Traums dienen (wir werden das im Kapitel über die Deutung noch genauer sehen). Wenn Sie beim Festhalten Ihrer Gefühle gewissenhaft sind, nimmt Ihnen das auch viel Angst vor der Beschäftigung mit Ihren Träumen, denn Sie werden allmählich immer deutlicher sehen, wie die Traumsprache sich Ihrer Gefühle bedient, um einen bestimmten Sinn hervorzuheben und zu betonen.

Emotionen in Träumen wirken ganz ähnlich wie dramatische Musik bei Filmszenen. Beides zieht uns in die Handlung hinein, und im Film etwa wissen wir bei entsprechend sich steigernder Spannung der Musik (noch vor dem Helden), daß sich die Lage zuspitzt. Die Emotionen in unseren Träumen sind wie eine Art innere Lichtanzeige mit der Aufschrift:

„ACHTUNG! WICHTIG!"

Versuchen Sie am Anfang, ein gesundes Mittelmaß zu finden zwischen dem Anspruch, alles möglichst vollständig aufzuzeichnen und dem Gefühl, daß die Beschäftigung mit Ihren Träumen Ihnen Spaß macht und etwas Spielerisches an sich hat. Wenn Sie gelegentlich unter Zeitdruck stehen oder einfach keine Lust dazu haben, sich mit Ihren Träumen abzugeben, erzwingen Sie nichts und machen Sie sich keine Schuldgefühle, dieses Thema vernachlässigt zu haben. Der Zweck der Traumdeutung besteht darin, Ihr derzeitiges Leben mit Einsichten, Freude und einem guten Gefühl zu bereichern, nicht, es zusätzlich zu belasten. Haben Sie das Gefühl, diese Beschäftigung werde Ihnen lästig, so ist das ein Zeichen dafür, daß Sie Ihr Leben anderweitig verbessern und Ihre Ansprüche an sich selbst etwas lockern sollten.

Lassen Sie in Ihrem Tagebuch genug Platz für Bemerkungen zu Ihren Träumen.

Wenn Sie einen Traum aufschreiben, lassen Sie rund um den Text etlichen Platz frei, damit Sie darauf Bemerkungen zu Ihren eigenen Deutungen schreiben können. Im 4. Kapitel zeige ich Ihnen, auf welche Punkte Sie besonders achten und wie Sie sie benützen sollten, um den Sinn des jeweiligen Traums aufzuspüren. Wenn Sie es sich zur festen Gewohnheit machen, Ihre Träume aufzuschreiben, die wichtigen Punkte hervorzuheben und darüber nachzudenken, kommen Ihnen unvermeidlich recht deutliche Assoziationen zu ihrem Inhalt. Wenn sich mehrere Träume eingestellt und Sie sie im wesentlichen verstanden haben, ist das unschätzbar für das Erlernen der Kunst des Traumdeutens.

Nach einiger Zeit werden Sie merken, daß sich bestimmte Bilder und Themen wiederholen. Eine Frau zum Beispiel stellte fest, daß in ihren Träumen oft ein Herd vorkam, und daß sie im Lauf der Handlung früher oder später im Ofen etwas von hinten nach vorn vorholte. Dieses Bild sagte ihr zunächst wenig, da sie nicht gern kochte und in ihrem Wachzustand eigentlich selten den Herd benützte. Aber weil das Symbol und die Handlung im Lauf der Zeit immer wieder auftauchten, kam sie schließlich zur Überzeugung, es müsse für sie etwas Wichtiges enthalten. Sie achtete genauer auf die Tätigkeit, die sie dabei ausführte und auf das Symbol „Herd" und erkannte schließlich, warum ihr Traummacher dieses Symbol so oft benützte. Immer holte sie in diesem Traum etwas im Herd von hinten nach ganz vorn. Diese Frau hatte Jahre um Jahre zugewartet, um die Laufbahn zu ergreifen, nach der sie sich eigentlich sehnte. Die meiste Zeit hatte sie nicht einmal den lebhaften Wunsch danach zugelassen, und die damit verbundenen Fertigkeiten hatte sie kaum ausgeübt. (Das war einer der Gründe dafür, weshalb gerade der Herd als Symbol verwendet wurde, denn er stellte etwas dar, was sie in ihrem wirklichen Leben „kaum tat", nämlich kochen.) Ihre Träume sagten ihr immer wieder, jetzt sei es an der Zeit, ihren Wunsch aus der hinteren Ecke des Herds hervorzuholen und bewußt vorne zu kochen. In ihrem Fall machte ihr das häufige Wiederkehren dieses Symbols deutlich, daß es hier um etwas für sie ganz Wichtiges ging. Wenn sie kein Traum-Tagebuch geführt hätte, wäre ihr diese oftmalige Wiederholung vielleicht gar nicht aufgefallen.

Akzeptieren Sie Ihre Träume so, wie Sie sie wahrnehmen.

Die Einstellung, die sie einer Sache gegenüber haben, hat Einfluß darauf, wie gut Sie mit ihr umgehen können. Wenn Sie merken, daß sie beim Aufschreiben denken: „Das war ein dummer Traum, der mit mir überhaupt nichts zu tun hat", wirkt sich diese Einstellung auf ihre Fähigkeit aus, ihn überhaupt exakt wiedergeben zu können, und erst recht blockiert das wahrscheinlich den freien Fluß der Assoziationen über seinen Inhalt und seine Bilder. Üben Sie sich also konsequent im Annehmen der Phänomene, wie sie kommen (was übrigens auf allen Gebieten wichtig ist), indem Sie sich enthalten, dem Traum ein Etikett über seinen Wert aufzukleben, noch bevor Sie überhaupt verstehen, wovon er handelt. Manche nennen das „vorurteilsfrei“ oder „unkritisch“ sein. Ganz gleich, was Sie von ihm halten, nehmen Sie sich vor, jeden Traum grundsätzlich einmal zuerst so zu behandeln, als sei er wichtig, hilfreich und absichtsvoll. Sie werden merken, daß Sie das spürbar „offener“ für interessante Entdeckungen macht.

Noch einmal die wichtigsten Punkte über das Aufschreiben Ihrer Träume:

- Ihr Tagebuch sollte praktisch und leicht zu benützen sein.
- **Beschäftigen Sie sich mit Ihren Träumen konzentriert, aber zugleich eher spielerisch.** Wenn Sie sich mit tierischem Ernst damit beschäftigen, blockiert das eher Ihre Fähigkeit zu kreativem Denken. Um die erstaunliche künstlerische Qualität Ihrer Träume richtig erfassen zu können, brauchen Sie nämlich vor allem einen guten Schuß Kreativität.
- **Gehen Sie davon aus, daß alles, was Sie entdecken, Ihnen etwas zu sagen hat.** Ihre Träume stehen grundsätzlich auf Ihrer Seite; sie wollen Sie nicht angreifen, sondern Ihnen helfen. Manchmal kommen zu mir Leute, die über den Inhalt ihrer Träume ganz erschrocken sind. Haben Sie keine Angst vor Ihren Träumen. Sie sind immer als hilfreiches Geschenk gedacht.
- **Es ist besser, sich systematisch mit dem Traumdeuten zu befassen, als das nur sprunghaft zu tun.** Wie bei allen ernsthaften Beschäftigungen, bringt ein bloßes gelegentliches Herumspielen nicht viel. Wenn Sie sich regelmäßig mit Ihren Träumen beschäftigen und das dafür etwas weniger intensiv tun, eröffnet Ihnen dies aufschlußreiche Wege des Verstehens und der Bereicherung. Freuen Sie sich über Ihre Erfolge und machen Sie sich keine Vorwürfe darüber, was Sie *unterlassen!*

Kapitel 4

Die Sprache unserer Träume

Der Umstand, daß die Sprache, die unser „Traummacher" verwendet, anders ist als die Sprache, in der wir normalerweise denken und argumentieren, stellt eine besondere Herausforderung beim Entschlüsseln des Sinns unserer Träume dar. Doch es gibt Grundmuster, die in den Träumen mit großer Regelmäßigkeit auftauchen. Anhand dieser Regelmäßigkeiten läßt sich die Sprache der Träume ganz gut lernen, und folglich das Entziffern ihres Sinns.

Der einfachste Weg, dem Sinn eines Traums näherzukommen, besteht darin, die folgenden Elemente darin genauer zu untersuchen:
Handlungs-Metaphern, übersteigerte Gefühle und Symbole.

Handlungs-Metaphern sind hervorragende Schlüssel für den Zugang zum Sinn. Die Metapher ergibt sich daraus, was Sie während des Traums tun, oder was sich vor allem abspielt.

Wenn sich eine unheimliche Macht an Sie heranschleicht, besteht die Handlungs-Metapher darin, *daß sich Ihnen etwas auf bedrohliche Weise nähert*. Wovon haben Sie in Ihrem Alltagsleben das Gefühl, daß es sich an Sie gefährlich heranmacht? Wenn Sie in Ihrem Traum durch eine öde Landschaft irren, sind Sie vielleicht unlängst in eine Stadt gezogen, wo Sie niemanden kennen, oder Sie haben eine Scheidung hinter sich und Ihr Lebensstil ist so verändert, daß Ihnen alles noch ungewohnt ist. Die Handlungs-Metapher „einsam und verlassen umherirren" ist also hier Ihr Schlüssel. Haben Sie diesen Teil des Traums herausgeschält, so nehmen Sie ihn aus dem Kontext des Traums heraus und schauen Sie ihn genauer an. Träumen Sie, daß Sie sich gegen unbekannte Angreifer verteidigen,so greifen Sie dieses Handlungs-Element heraus und prüfen Sie es genauer. *Sie kämpfen um Ihr Leben*. Das können Sie auf jeden Fall daraus entnehmen. Es bezieht sich also auf etwas, das Ihr Leben, wie Sie es kennen, bedroht, oder auf eine Gefahr für Sie, die größer ist, als Sie gedacht hatten, oder wo ein Stück Ihrer Identität bedroht wird. Wo in Ihrem wachen Leben steht Ihr Überleben in Frage? Ähnlich ist es, wenn Sie träumen, daß Sie vor Hunger sterben oder vor Entbehrung umkommen: Holen Sie diese Handlung aus dem Kontext Ihres Traums heraus und schauen Sie sie als solche an. *Sie bekommen nicht, was Sie nährt und aufbaut, und Ihr Leben beginnt, sich abzubauen.* Das muß nicht unbedingt heißen, daß Sie in physischer Lebensgefahr sind, aber, daß ein wesentlicher Teil Ihrer selbst infolge Unterernährung im Absterben begriffen ist. Damit haben Sie also ein Beispiel für die Art, wie Ihnen eine Handlungs-Metapher helfen kann, dem Sinn auf die Spur zu kommen.

Gleich nach dem Studium hatte ich eine Arbeit, die ich verabscheute. Sie war äußerst stressig; nach einiger Zeit war ich zusehends ausgelaugt und fühlte mich ganz allgemein unglücklich; die Folge waren ständige irgendwelche gesundheitliche Beschwerden. Während dieses schlimmen Jahres träumte ich öfter, ich würde ermordet. Die Handlungs-Metapher war also, *ich würde von etwas zerstört.* Vor allem ein Traum nahm mich besonders mit:

Ich bin mit mehreren anderen Leuten aus meinem Büro in einem Gebäude. Jemand, der Frauen schlachtet und ihr Gehirn herausnimmt, will mich gerade ermorden. Ich wehre mich gegen ihn mit aller Kraft, aber da rutsche ich auf etwas aus. Ich schaue zu Boden und sehe, daß ich auf ein Frauenhirn getreten bin, das von einem seiner letzten Opfer stammt.

Die **Handlungs-Metapher** war also hier, daß ich mein Leben an eine böse Kraft verlor. Ich sollte ermordet werden, und dabei sollte mein Gehirn entfernt werden. (Da die anderen Personen der Handlung meine KollegInnen waren, hatte ich einen Hinweis, daß sich der Traum um meine beruflichen Verhältnisse drehte.) Ich mußte lediglich die Handlungs-Metapher herausholen und konnte damit die Quelle meines Traums orten. Wo in meinem Leben hatte ich das Gefühl, gerade „ermordet“ und um den Besitz meines Gehirns gebracht zu werden? Mir war klar, daß es sich hier um einen aus einer ganzen Abfolge von Träumen handelte, die im Bild zeigten, wie mich meine beruflichen Bedingungen an den Rand brachten. Der Inhaber des Unternehmens ging mit seinen Angestellten derart destruktiv um, daß wir für ihn einen Spitznamen prägten, der von dem berühmten Sadisten Marquis de Sade abgeleitet war. Daß mein Traum auf Frauen als Opfer abhob, bezog sich speziell darauf, wie man in dem Unternehmen mit Frauen (und ihrem Gehirn) umging.

Um also mit Handlungs-Metaphern arbeiten zu lernen, schauen Sie sich einfach genau an, was Sie im betreffenden Traum *tun*. Kämpfen Sie? Sind Sie zärtlich? Mühen Sie sich ab? Überqueren Sie eine Brücke? Durchbrechen Sie eine Schranke? Warnen Sie jemanden? Erbrechen Sie sich? Was immer Sie im Traum tun, Sie können das als ziemlich deutliche Metapher ausmachen und dann dazu verwenden, entsprechende Assoziationen zu Ihrem Leben im Wachzustand zu suchen.

Um die Handlungs-Metapher Ihres Traumes deutlich zu erkennen, stellen Sie sich also die Frage:

„Was genau tue/erfahre ich hier?" Suchen Sie ein, zwei möglichst zutreffende Tätigkeitswörter zur Beschreibung Ihrer Handlung, und dann verwenden Sie diese für die weitere Deutung.

Danach betrachten Sie genauer die *Gefühle*, die Sie in Ihrem Traum hatten.

Überzogene Emotionen: Was vielen Leuten am meisten Angst bezüglich ihrer Träume macht, sind die damit verbundenen sehr intensiven Gefühle. Jemand, der tagsüber etwas als leicht peinlich empfindet, träumt vielleicht nachts davon, geradezu an einer Sexorgie teilnehmen zu müssen. Vielleicht wird der Träumende von diesem Traum derart schockiert und verstört, daß ihm gar nicht die Assoziation mit dem eher harmlos peinlichen Vorfall am Tag zuvor kommt. Durch Träume mit betörenden sexuellen Szenen oder Träume voller extremer Gewalt werden viele verschreckt und stellen sich die Frage, ob da plötzlich irgendein neurotisches Problem bei ihnen hochkommt.

Hilfreich wird Ihnen hierbei sein, wenn Sie sich vor Augen

halten, daß Träume gewöhnlich immer die Emotionen, die Sie tagsüber verspüren (und vielleicht zum Teil verdrängen), mehr oder weniger stark übertreiben. Eine Funktion unserer Träume besteht vielleicht darin, unser emotionales Gespür wach zu halten. Es ist ganz natürlich – und gelegentlich auch ganz praktisch –, emotionale Reaktionen auf bestimmte Ereignisse beiseitezuschieben, besonders, wenn sie unangenehmer Natur sind. Doch Träume „fangen das Gefühl ein", selbst wenn der bewußte Geist es während des Wachzustands fertigbringt, es nicht wahrzuhaben. In den Träumen taucht es dann wieder auf, oft um etliche emotionale Dezibels höhergeschaltet. Diese Verstärkung hat den Sinn, Ihre Aufmerksamkeit zu wekken und ist eine Reaktion auf versteckte oder unterdrückte Gefühle.

Oft bieten Ihnen Ihre Träume den Spielraum, in dem Sie Emotionen ausleben können, die im Wachzustand auszudrükken (oder auch nur zu haben) unangemessen wäre. Dann erleben Sie, daß Sie Dinge tun und fühlen, die Sie sich in Ihrem wachen Leben nie erlauben würden. Das bedeutet nicht, daß Ihre Moralvorstellungen oder politischen Überzeugungen ins Wanken geraten oder Sie ihnen nicht mehr richtig treu wären. Es ist vielmehr so, daß Ihre Träume bestimmten Impulsen und sogar verbotenen Gedanken in Ihrer Psyche erlauben, sich offen zu zeigen und zu entwickeln, um sie hiernach aus Ihrem „System" zu verabschieden. Denn Gefühle, die verdrängt und unterdrückt werden, gären im Verborgenen und vergiften das „System"; Gefühle, die zugelassen werden (was nicht das gleiche ist wie: bewußt bejaht werden), können kommen und verpuffen. Kinder zum Beispiel träumen oft von Monstern, die in Wirklichkeit vielleicht die „monströse" Seite ihrer Eltern darstellen. In den meisten Familien ist offene Kritik an den Eltern tabu. Wenn nun ein Kind das Gefühl hat, daß „Mami heute so eine Knallwut hat, daß sie mich womöglich umbringt", muß es dieses Gefühl unterdrücken. Aber nachts träumt es vielleicht von einem entsprechenden Erlebnis, und wahrscheinlich taucht darin die Mami in verhüllter Form auf, so daß das Kind seine Gefühle ungehemmt wahrnehmen kann. Auf diese Weise wirkt der Traum als Ausgleichsmechanismus der Psyche; er läßt Erfahrungen zu, die man sonst vielleicht infolge kultureller oder äußerer Zwänge geleugnet hätte.

Träume können auch als Warnsignale bezüglich unserer Gesundheit oder unseres Wohlbefindens fungieren. Sie spiegeln uns Situationen, Erlebnismuster und heikle Stellen, für die wir offensichtlich im Wachzustand einen blinden Fleck haben. Je gefährlicher die Situation für unser (physisches, emotionales, soziales oder spirituelles) Wohlbefinden ist, desto dramatischer und einprägsamer ist der Traum. Zudem scheint der Traummacher seine Signale zu verstärken, wenn man die bisherigen Träume nicht verstanden oder mißachtet hat. Das ist ein eigenartiger und oft amüsanter Zug unserer Träume. Allerdings ist es nicht gerade amüsant, wenn Sie bestimmte gespenstische und schreckliche Angstträume nicht mehr loswerden.

Unterdrückte Emotionen äußern sich oft auf schmerzliche und intensive Weise. Doch wenn Sie sie näher anschauen, vergehen sie von allein.

Wenn Sie davon träumen, daß Sie vor etwas Bedrohlichem und Schrecklichem davonlaufen, ist das damit verbundene Gefühl wahrscheinlich das Gefühl, *in Gefahr zu sein und ihr entkommen zu wollen.* Die Traumsituation kann dabei wesentlich dramatischer sein als Ihre Situation im Tagesbewußtsein, aber einer Entsprechung gibt es immer. Wenn Sie träumen, daß Sie Ihrer Verlobten die Hand entgegenstrecken, aber diese geht vorbei, ohne Sie zu beachten, dann *wird Ihr Gefühl von jemandem nicht beachtet, der Sie doch eigentlich lieben sollte.* An welche Befindlichkeit in Ihrem Wachzustand erinnert Sie das?

Manchmal ist das Gefühl, das Sie beim *Untersuchen* des Traums haben, ganz anders als das Gefühl, welches Sie *während* des Traums gehabt hatten. *Sie sollten immer dasjenige Gefühl näher untersuchen, das Sie während des Traums gehabt hatten.* Oft wird es vorkommen, daß Sie der Inhalt eines Traums schockiert, oder Sie werden von ihm höchst beunruhigt, weil er sich um ein Tabu-Thema dreht oder weil Ihnen wegen möglicher Interpretationsergebnisse unbehaglich zumute wird. Geben Sie sich nicht die Mühe, Ihre Träume zu zensieren. Sie lassen sich das sowieso nicht gefallen. Die meisten von uns haben schon Theorien über Wunscherfüllung gehört: daß uns unsere Träume die Dinge bescheren, die wir uns insgeheim in unserem Wachzustand wünschen. Gelegentlich ist das tatsächlich der Fall, aber sehr viel häufiger *reflektieren* unsere Träume lediglich das, was wir im Wachzustand bereits haben.

Wenn Sie zum Beispiel von sexuellem Inzest träumen, heißt das nicht, daß Sie sich diese Art von Verkehr tatsächlich wünschen. Viel eher wird dahinter stecken, daß Sie derzeit erleben, wie sich jemand besonders indiskret in Ihre Angelegenheiten einmischt, oder daß Sie mit jemandem flirten, der/die einer mit ihnen verwandten Person derart gleicht, daß Sie sich fast schuldig fühlen, sich mit ihm/ihr einzulassen. Oder vielleicht sind Sie gerade in eine Tätigkeit verstrickt, von der Sie spüren, daß sie unrecht ist, aber Sie finden es leichter, „einfach mitzumachen", als Nein zu sagen. Die emotionale Sprache unserer Träume ist sehr elementar, sehr intensiv und brüskierend. Ihre Träume verraten Ihnen sehr lebhaft, wann Ihre Gefühle verletzt, bloßgestellt, mißachtet oder übersteigert werden.

Das dritte Element, die **Symbole**, bieten der Deutung besonders viele Tücken, und zwar weil es unzählige Definitionen ihres Sinns gibt. Wenn Sie zum Beispiel von einem Schwimmbecken träumen, würden manche Experten sagen, Sie träumten über Gefühle; andere würden sagen, das Wasser stehe immer für Wissen; andere wieder würden sagen, das Wasser bedeute das Unbekannte, Schwankende. Jede dieser Interpretationen führt Sie also auf eine ganz andere Sinn-Fährte. Wie läßt sich also einem Symbol, das im Traum auftaucht, überhaupt ein eindeutiger Sinn zuschreiben?

Ein guter Einstieg dazu ist die Überlegung, was der Gegenstand *Ihnen persönlich* bedeutet. Dabei anzusetzen, kommt grundsätzlich der Wahrheit am nächsten, welchen Sinn ein bestimmter Gegenstand oder eine Situation für Sie hat. Unterstellen Sie also einfach zunächst einmal das Verständnis, das Ihnen spontan kommt, als das sinnvollste, ohne gleich genauer nachzufragen, ob das besonders tiefgründig oder persönlich ist. Wenn ich zum Beispiel nicht schwimmen kann, betrachte ich das Wasser spontan als fremdes und womöglich gefährliches Element; wenn ich gut schwimmen kann, empfinde ich es als vertrautes Element und fühle mich „wie ein Fisch im Wasser". Stürze ich mich in ein neues Studienfach und träume davon, daß ich einen Kopfsprung ins Wasser mache, so weckt folglich im ersten Fall das „Ins-Wasser-Springen" Assoziationen der Angst, im zweiten Fall Assoziationen der Begeisterung: ein und dasselbe Symbol kann also im Kontext meines sonstigen Lebens eine diametral unterschiedliche Bedeutung haben. Während einer besonders stürmischen Phase einer romantischen Beziehung träumte ich davon, wie ich mit meinem Freund in einem Boot durch ein Gewässer segelte, in dem es von Haifischen wimmelte. Ich glaubte damals, dieser Traum führe mir vor Augen, daß unsere Beziehung unter der Oberfläche ziemlich gefährdet sei, und tatsächlich stellte sich das als wahr heraus.

Es ist zudem gut möglich, daß ein und derselbe Gegenstand in verschiedenen Träumen einen ganz verschiedenen Sinn annimmt. Dann bleibt nur übrig, genau die eigene Beschreibung des Gegenstands zu überprüfen, seine landläufige Deutung in Betracht zu ziehen und dann die einzelnen Assoziationen durchzugehen, um schließlich auszumachen, was für einen persönlich am besten paßt. Diese Zugangsweise kann einem ziemlich lästig sein, wenn man gewöhnt ist, alle Probleme eher geradlinig zu lösen. Doch je öfter man diese eher einkreisende Methode verwendet, desto leichter und spannender wird sie. Was von außen her gesehen wie „Intuition" aussieht, ist in Wirklichkeit eine andere Art des Denkens. Wenn man sie ein wenig übt, entwickelt sie sich ziemlich schnell und erweist sich dann auch auf anderen Gebieten des Lebens als recht fruchtbar.

Um die symbolische Bedeutung eines Gegenstands in Ihrem Traum zu bestimmen, stellen Sie sich die folgenden Fragen:

- Für welche Funktion wird er verwendet? Welche Qualität oder Eigenschaft hat er?
- Wer oder welche Art Person gebraucht ihn normalerweise?

• Gibt es etwas Ähnliches in irgendeinem Bereich meines Lebens im Wachzustand?
• Gab es eine Zeit in meinem Leben, zu der ich diese Art Gegenstand verwendet oder mit ihm zu tun gehabt habe? Gibt es Ähnlichkeiten zwischen dieser Zeit und meiner *gegenwärtigen* Situation?

Symbole können aufregende und höchst eindrucksvolle Lieferanten von Sinn sein; ich empfehle Ihnen, im Rahmen Ihrer Fähigkeiten das Beste daraus zu machen. Bleibt der Sinn unklar, dann lassen Sie die weitere Frage danach einfach eine Zeit lang ruhen. Häufig löst sich das eigentliche Geheimnis eines Traums, indem einem seine Handlungs-Metapher deutlich aufgeht und die eigenen Gefühle an die Oberfläche kommen. Dann passen plötzlich die Symbole wie der Schlüssel ins Schloß.

Versuchen Sie nicht, schon Schlüsse zu ziehen, ehe Sie alle sinnträchtigen Teile Ihres Traums genauer untersucht haben.

Unter anderem frustrieren wir uns unnötig beim Versuch, unsere Träume zu deuten, dadurch, daß wir vorschnell den betreffenden Traum mit unserer Wirklichkeit im Wachzustand in Verbindung bringen wollen. Selten ist es realistisch, die Handlungsabläufe und Inhalte eines Traums, so wie sie sich darbieten, direkt auf die Umstände in unserem wachen Leben zu übertragen. Das gibt schlicht keinen Sinn. Im Traum handeln die Leute nicht so, wie sie es im Wachzustand tun würden; in beiden Situationen gelten ganz unterschiedliche Spiel- und Verhaltensregeln. So verrennen Sie sich in ganz unwegsames Gelände, wenn Sie versuchen, direkt vom Traum in die Wirklichkeit umzusteigen.

Halten Sie sich immer vor Augen: Ihr Traum spricht zu Ihnen in einer metaphorischen Sprache; er verwendet dazu Handlungs-Metaphern, überzogene Emotionen und Symbole, mit deren Hilfe bildhaft Umstände Ihres gegenwärtigen Lebens dargestellt werden sollen. Untersuchen wir zur Anschauung den Traum einer sympathischen, mir bekannten Frau namens Candy (den Namen habe ich verändert), die eine ganze Zeit lang von folgendem immer wiederkehrendem Angsttraum heimgesucht wurde.

Ich fliege in einem großen Flugzeug. Statt bei den anderen Passagieren zu sitzen, sitze ich neben dem Flugkapitän in der Steuerkabine. Allem Anschein nach stürzt das Flugzeug ab. Ich bin zu Tode erschrocken. Ich werde umkommen. Wir stürzen zu Boden und zerschellen. Viele Passagiere sind tot. Aber ich bin wohlauf. Mir fehlt überhaupt nichts. Ich steige aus dem Flugzeug und gehe weg.

Das Flugzeug war eines der Haupt**symbole** in diesem Traum, und ich fragte Candy, was ein Flugzeug für sie bedeute. Candy erläuterte mir, in ihrem Augen stelle das *Flugzeug eine allgemein übliche Form geschäftlichen Unterwegsseins* dar, also etwas, was für alle sehr bequem sei, obwohl sie es für etwas unnatürlich halte.

Ein weiteres deutliches **Symbol** dieses Traums ist, daß Candy *in der Steuerkabine* des Flugzeugs sitzt, und nicht etwa hinten bei den übrigen Passagieren, was normaler wäre. Immer, wenn Umstände und Handlung in einem Traum *deutlich anders sind, als man sie für das Leben im Wachzustand erwarten würde,* bekommt man damit einen sehr wichtigen Hinweis. Man sollte immer besonders dankbar für die unlogischen Aspekte und jähen Widersprüche eines Traums sein; sie bieten immer gute Schlüssel für seinen Sinn.

Das **überzogene Gefühl** im Traum ist, daß *Candy ihrer eigenen Zerstörung ins Auge blickt.* Wie immer, bietet dieses Gefühl im Traum eine der wichtigsten Brücken zur tatsächlichen Situation im Wachzustand. Wenn man noch alle anderen Aspekte des Traums genau beschrieben hat, kann man von diesem Gefühl ausgehend den Brückenschlag zum Wachzustand versuchen. Aber erliegen Sie nicht der Versuchung, diesen Brückenschlag sofort zu machen, noch ehe Sie alles genau beschrieben haben, sonst erkennen Sie zwar die vom Traum angezielte Lebenssituation, verpassen aber die Botschaft, die Ihnen der Traum ausrichten will.

Die **Handlungs-Metapher** besteht darin, daß Candy *im Ab-*

sturz begriffen ist und annimmt, das bedeute ihre Vernichtung. Doch ein kritisches Element der Handlungs-Metapher ist, daß *Candy den Flugzeugabsturz überlebt. Ihr fehlt überhaupt nichts.*

Candy hatte mich um Hilfe gebeten, weil sie diesen Traum oft hatte und er ihr Angst machte. Sie vermutete zu Recht, daß er für sie eine wichtige Botschaft enthalte. Ihre Hauptsorge richtete sich darauf, er wolle sie womöglich vor ihrem bevorstehenden Tod durch einen Flugzeugabsturz warnen. Obwohl es tatsächlich vorauswarnende Träume gibt, hatte ich in Candys Fall in dieser Beziehung keinerlei Sorge, denn am Schluß des Traums ging sie aus dem Absturz ja immer ohne den kleinsten Kratzer hervor. (In diesem Fall fühlte sich Candy derart auf ihr übersteigertes Angstgefühl fixiert, daß sie gar nicht wahrgenommen hatte, daß der Traum ja immer glücklich ausging. Aus diesem Grund ist es gut, wenn man sich bei der Traumdeutung von anderen helfen läßt. Oft „fixiert" sich der Träumende auf einen Aspekt des Traums, der von besonderem Gewicht ist und übersieht alle anderen Schlüssel und wichtigen Botschaften.)

Die Grundlinie dieser Traumgeschichte besteht darin, daß Candy ihre schlimmsten Ängste wahr werden sieht und sie mit allen Folgen intensiv durchlebt. Hier einige Anmerkungen zu diesem Traum:

- Sie hat die Sache mehr unter Kontrolle, als sie merkt, denn schließlich sitzt sie in der Steuerkabine neben dem Piloten.
- Das Flugzeug, eine Form von geschäftlichem Reiseverkehrsmittel, die Candy nicht liegt, stellt vermutlich irgendeinen Aspekt ihres Berufslebens dar, den andere als „normal" empfinden, der ihr aber gefährlich oder erdrückend vorkommt.
- Der Flugzeugabsturz ist eine Sache auf Leben und Tod. Ein Teil von Candy spürte, daß es entweder ums finanzielle Überleben ging oder daß Grundfragen ihres Lebens zur Diskussion standen, vielleicht auch beides.
- Candy durchlebt den Absturz ohne Schaden. Selbst wenn ihre schlimmsten Ängste wahr werden und sie „alles verliert", geht es ihr bestens.

Es stellte sich heraus, daß Candy für einen ziemlich einflußreichen, aber skrupellosen Mann arbeitete. Sie war in aufregende, aber höchst fragwürdige Geschäftspraktiken verwikkelt, von denen sie persönlich bezweifelte, daß das noch lange gut gehen könne. Doch hatte sie Angst davor, ohne finanzielles Einkommen dazustehen. Sie wußte nicht, was sie tun sollte (sie saß in der Steuerkabine, aber beteiligte sich nicht an der Steuerung). Ich wies sie darauf hin, daß ihr Traum ihr sage, selbst wenn sie „abstürzen" sollte, werde sie dadurch insgesamt keinerlei Schaden erleiden. Sie reagierte darauf mit einer Geste, die zeigte, daß der Groschen gefallen war. Dann erzählte sie mir, daß sie ständig über ihre finanzielle Lage grüble und mit dem dringenden Wunsch umgehe, aus dem Geschäft, in dem sie sei, auszusteigen. Obwohl der Traum wie ein Angsttraum aussah, war seine Botschaft im Grunde ermutigend. Ungefähr sechs Monate danach kündigte Candy und fand eine für sie geeignetere Stelle, mit der es ihr finanziell gut ging und sie sich emotional entspannen konnte.

Mitspieler und Umstände

Wenn Sie nach Symbolen in Ihren Träumen suchen, achten Sie darauf, die übrigen Mitspieler und die äußeren Umstände, unter denen sich das Traumgeschehen abspielt, genau zu registrieren. Wo befinden Sie sich? Wer ist noch da? Die anderen Menschen (oder Kreaturen) in Ihrem Traum sind wichtige Hinweise auf den Sinn. Oft treten in Träumen Personen auf, die für sich selbst stehen. Wenn Sie zum Beispiel träumen, daß Sie mit Ihrer Verlobten zärtlich sind, während diese im wachen Leben verreist ist und Sie sie sehr vermissen, können Sie höchstwahrscheinlich den Sinn des Traums buchstäblich so nehmen, wie Sie ihn erleben. Aber oft werden Ihnen in Ihren Träumen auch äußerst kunstvoll erdachte und bis in alle Einzelheiten durchgeformte Charaktere vorgestellt, und Sie müssen erst einmal genau alle ihre Eigenarten beschreiben, ehe Sie genau sagen können, wen sie darstellen. Eine gute Faustregel für die Deutung von Charakteren ist folgende: handelt es sich bei der Person im Traum um jemanden, den Sie noch nie gesehen haben oder aus Ihrem wachen Leben nicht kennen, um einen Verstorbenen oder um jemanden, dem Sie seit Jahren nicht mehr begegnet sind (oder handelt es sich bei der Gestalt um einen sprechenden Hund oder ein anderes Fabelwesen), dann stellt diese Figur wahrscheinlich jemand anderen oder einen Teil Ihrer selbst aus Ihrem Leben im Wachzustand dar.

Hier ist ein Traum, den ich vor einigen Jahren hatte; darin waren eine bekannte Persönlichkeit aus dem Fernsehen und ich die beiden einzigen Personen der Handlung. In einem solchen Fall muß man sich die *Qualitäten* der betreffenden Person genauer ansehen, um herauszubringen, wer oder was damit symbolisch dargestellt wird.

Ich stehe vor einem Kino Schlange, und zwar zusammen mit MacGiver, dem Fernsehhelden aus der Serie gleichen Namens. Ich bin sehr stolz, mit ihm zusammen zu sein, fühle mich sehr zu ihm hingezogen, ja empfinde unwahrscheinliche Zuneigung zu ihm.

Ich stellte mir die Frage, wen MacGiver in diesem Traum darstellte. Da es sich nicht um eine wirkliche Gestalt aus meinem Leben handelte, wußte ich, daß er irgendjemanden oder etwas symbolisierte. Zwar finde ich den jungen Schauspieler, der in der Fernsehserie den jungen MacGiver darstellt, ganz gut, aber romantische Gefühle für ihm empfinde ich nicht. Zudem lebte ich zur Zeit dieses Traums in einer sehr glücklichen Beziehung mit einem Mann und konnte nur ihm gegenüber solche romantischen Gefühle aufbringen. Mir kam es seltsam vor, daß das in diesem Traum plötzlich ganz anders war. Ich machte mich also daran, eine genauere Beschreibung von MacGiver zu erstellen, um dann zu versuchen, herauszufinden, wofür in meinem wachen Leben er stand.

Ich stellte mir die folgende Frage: „Was bedeutet mir MacGiver, welche Qualitäten verbinden sich in meiner Vorstellung mit dieser Figur?" MacGiver ist ungeheuer wendiger Mensch, ein Überlebenskünstler, der wie mit links alle seine atemberaubenden Taten vollbringt. Er ist unaufdringlich und liebenswürdig. Dazu kam ein weiterer wichtiger Schlüssel. Ich schrieb den Namen MacGiver anders, als er in der Sendung tatsächlich buchstabiert wird. Da hinter einer Abweichung von der Wirklichkeit in Träumen immer eine bestimmte Absicht steckt, hielt ich das fest, um es später bei der Aufschlüsselung und Deutung meines Traums verwenden zu können. Dann stelle ich mir die Frage: „An wen erinnert mich das?"

Mir ging auf, daß mich diese Charakterbeschreibung genau an meinen damaligen Freund erinnerte; ihn hätte ich mit exakt den selben Worten beschreiben können. Er verfügte über ein unglaubliches Geschick, kreative Auswege aus völlig vertrackten Situationen zu finden. Dann kam ich wieder darauf zurück, daß hinter der unterschiedlichen Schreibweise des Namens MacGiver ein Sinn stecken mußte. Ich mußte schmunzeln, als der Groschen fiel. Am Tag vor dem Traum hatte mir mein Freund einen MacIntosh-Computer besorgt, damit ich darauf meine Dissertation fertigstellen konnte. Und nun hatte ich also in meinem Traum so große Liebe und Zuneigung für meinen „Mac-Giver" (meinen „Mac-Besorger") empfunden! Mein Traummacher hatte also einen Charakter erfunden, in dem jene Art von selbstlosem Einsatz, den mein Freund an den Tag gelegt hatte, kombiniert war mit dem Namen des Computers, für den ich so dankbar war.

Diese Art Kombination von visuellen Symbolen mit verschlüsselten Wortspielereien tritt in Träumen sehr oft auf. Sie kann für die Entzifferung sehr hilfreich sein, und unweigerlich ist der Träumende entzückt, wenn er feststellt, was für geistreich kreative und humorvolle Dinge sich in seinem Geist abspielen.

Wenn Sie sich mit einem Traum beschäftigen, einen darin erlebten Charakter genau beschreiben und Ihnen trotzdem kein Licht aufgeht, wen oder was das bedeuten könnte, dann wenden Sie sich einfach dem nächsten Aspekt dieses Traums zu. Haben Sie dann alle Handlungen, Gefühle und Symbole beschrieben, so werden Sie erleben, daß Ihnen plötzlich die gesuchte geheimnisvolle Figur spontan einfällt und sich tatsächlich als perfekte Verkörperung des Gemeinten erweist.

Mitspieler, Umstände und Gegenstände enthalten oft wichtige Hinweise auf den Kontext (oder die Aussageabsicht) des Traums.

Wenn Sie von Leuten an Ihrem Arbeitsplatz träumen, so bezieht sich Ihr Traum vermutlich auf irgendetwas, was mit Ihrer Arbeit in Verbindung steht, selbst wenn sich der Traum insgesamt in einem Rahmen abspielt, mit dem Sie zunächst nichts anfangen können. Ihre Mitarbeiter tauchen darin auf, weil der Traum mit Ihrem Arbeitsleben zu tun hat. Natürlich gibt es hier Ausnahmen, denn die Probleme von Arbeits- und Familienleben können sich überschneiden. Aber grundsätzlich sind Gegenstände, Themen, Unterlagen und Menschen aus dem Kontext Ihres Arbeitsplatzes ein deutliches Indiz dafür, daß Ihr Traum mit Ihrem Berufsleben zu tun hat.

Manchmal kommt es auch vor, daß ein Kollege oder eine Kollegin „leihweise" in einem Traum mitspielt, weil die betreffende Person für Sie eine wichtige Eigenschaft verkörpert. Das ist zum Beispiel im Traum eines intelligenten und sensiblen jungen Mannes namens Nash der Fall:

Ich schaufle mit Steve, einem Arbeitskollegen, an einem Steinhaufen. Steve will den Steinhaufen von unten her wegschaufeln, aber ich weiß, daß das unpraktisch ist. Ich versuche ihm beizubringen, daß das ungeschickt ist, aber er meint, ich hätte keine Ahnung und macht weiter. Ehe wir es merken, wird aus dem Steinhaufen eine Lawine und begräbt Steve unter sich. Ich versuche, ihn freizuschaufeln. Ich habe Angst um ihn, aber vor allem denke ich, es war dumm von ihm, so vorzugehen.

Nash beschreibt Steve als aggressiv und immer recht eigensinnig. Er vertraute mir an, daß er sich immer wieder sage, er müßte etwas mehr von Steve haben: etwas ruppiger und energischer sein. Er neigt dazu, sich mit Steve zu vergleichen und sich selbst für schwach und zu sensibel zu halten. Da wußte ich, daß Nashs Traummacher ihm vor Augen führen wollte, daß die ruppigere Art, eine Sache anzugehen, nicht immer die bessere ist. Nash war sensibler (und daher empfänglicher) und hatte ein spontanes Gespür dafür, daß bestimmte Arbeitsmethoden unzweckmäßig waren. So wurde er in die Rolle des Retters von Steve versetzt, der bei sich dachte, daß Steve eigentlich „ziemlich dumm" sei.

Ein kostbarer Zug unserer Träume ist, daß sie nicht von bewußten Urteilen eingegrenzt werden und uns eine Perspektive erschließen können, die uns vielleicht verschlossen bleibt, wenn wir durch unsere vorgefaßten Meinungen ein Stück weit blind sind. Nash zum Beispiel kam sich öfter Steve gegenüber als der Schwächere vor, aber sein Traummacher hatte eine weit objektivere Sicht der Dinge, und so war es für Nash ein Gewinn, diese kennenzulernen. Unsere Deutung seines Traums erheiterte ihn sehr, und er brachte es fertig, seine Neigung, sich mit anderen zu vergleichen und seine eigene Sensibilität als Schwäche zu empfinden, spürbar zu zügeln.

Bei den **Umständen** handelt es sich um den Schauplatz, auf dem die Handlung des Traums stattfindet. Häufige Schauplätze von Träumen sind die eigene Wohnung, das Büro oder die Arbeitsstelle, eine bestimmte Runde von Menschen, das Auto oder die Bahn, irgendein Gebäude oder das Haus der eigenen Kindheit. Diese Umstände sind ein wichtiger Schlüssel für den Sinn des Traums, und gelegentlich verraten sie etwas ganz Verblüffendes.

Wenn Sie träumen, daß Sie wieder im Haus Ihrer Kindheit sind, dann träumen Sie ziemlich wahrscheinlich von etwas in Ihrem gegenwärtigen Leben, das Sie lebhaft an etwas aus Ihrer Kindheit erinnert. Viele Erwachsene behalten die gleiche Art von Schreckbildern bei, von denen sie schon als Kinder geträumt haben. Das bedeutet ganz einfach, daß Ihr Unterbewußtes immer noch die gleichen Ängste oder Probleme empfindet, mit denen Sie sich schon als Kind herumgeschlagen haben. Das „Monster" mag in Ihrem jetzigen wachen Leben etwas anders aussehen, aber die psychologische Dynamik wird im großen Ganzen noch die gleiche sein. Typische Grundthemen dabei sind zum Beispiel: Probleme mit der Autorität, Umgehenkönnen mit Kritik, Abhängigsein von Anerkennung, das Gefühl, nicht genügend beachtet zu werden.

Wenn Sie sich die Umstände Ihres Traums genauer ansehen, versuchen Sie sie eher symbolisch als buchstäblich zu betrachten. Träume, daß Sie wieder auf dem College sind, haben wahrscheinlich irgendetwas mit dem Lernen zu tun, oder für manche vielleicht bedeutet es, daß sie sich zeitlich in einen Zustand zurückversetzt fühlen, in dem sie noch sehr unmündig unter der Autorität anderer Leute leben mußten. Träume, in denen man sich in einer Einkaufspassage oder einem Laden befindet, bezeichnen oft eine Situation des Wählenmüssens oder des Suchens nach etwas im Leben, das auf die eigenen Bedürfnisse „zugeschnitten" ist. Träume, die in Schlafzimmern spielen, im eigenen oder in einem fremden, sprechen vielleicht irgendeinen Aspekt des Sexuallebens des Träumenden an, selbst wenn sich der Traum nicht um etwas ausdrücklich Sexuelles dreht.

Sehen wir uns den Traum eines Mannes namens Norman an, der sich verständlicherweise über die darin vorkommenden Bildern sehr wunderte.

Ich gehe in unser Schlafzimmer hoch, wo meine Frau Nita auf dem Bett liegt und Papiere ordnet. Ich hole meine Steuerformulare und breite sie auch auf dem Bett aus. Wir sagen kein Wort zueinander, sondern jeder ist mit seinen Papieren beschäftigt. Trotzdem fühle ich mich sehr beklommen.

Der **Umstand**, daß der Traum im Schlafzimmer spielt, ist unser erster Schlüssel. Die **Handlungs-Metapher**, daß Norman und seine Frau *auf dem Bett liegen*, deutet ziemlich stark darauf hin, daß sich der Traum auf die intime Dimension ihrer Ehe bezieht. Normans Beklommenheit ist übertrieben und paßt nicht ins Geschehen des Traums, aber natürlich gibt uns dieses **Gefühl** einen Hinweis auf den Bereich, der hier angesprochen wird. Unter den beschriebenen Umständen wäre es eigentlich logisch, daß Norman eher gelangweilt wäre; warum ist er stattdessen beklommen? Doch wir sehen, daß seine Frau *Papiere ordnet*, was ein **Symbol** für das *Auswerten und Beurteilen eines Verhaltens* ist. Norman reagiert darauf damit, daß er seine Steuerformulare holt und sie *auf dem Bett ausbreitet*.

Betrachten wir die Sprache des Traums. Der Kontext, den die Umstände und Symbole verraten (nämlich Schlafzimmer und Bett), scheint darauf hinzuweisen, daß es um die ehelichen Beziehungen zwischen Norman und Nita geht. Normans Gefühle liefern uns einen Schlüssel für die Dynamik, die angesprochen wird: er fühlt sich beklommen. Norman sitzt mit seiner Frau auf dem Bett und *fühlt sich wegen irgend-*

etwas beklommen. Nita ordnet Papiere (d. h. wertet aus und beurteilt), die *auf dem Bett* liegen. Norman reagiert darauf damit, daß er seine Steuerformulare holt, über das Bett ausbreitet und sich darin vertieft. Die Steuerformulare könnten symbolisch für eine Überbeanspruchung stehen, daß er sich „von Steuern belastet" fühlt, oder daß er berufliche oder finanzielle Sorgen hat, die vielleicht auf den Verlust von Kapital beziehen. Ich besprach diese Symbole mit Norman eingehender, und es gelang uns, ihre Bedeutung recht gut zu erschließen.

Norman und Nita hatten sich auf die Gewohnheit eingependelt, intime Beziehungen zu vermeiden. Norman hatte bei sich gedacht, das komme von seiner beruflichen Überbeanspruchung und seinen Sorgen im Geschäft. Doch der Traum offenbarte ihm, daß der wirkliche Grund der war, daß er Angst hatte, Nita „beurteile" ihn zu streng. Er hielt sich mit dem Vorwand zurück, er sei übermüdet, erdrückt von seinen „Steuerproblemen". Seine Beklommenheit bezüglich ihrer Situation war ein Hinweis darauf, daß es ihm bei diesem Zustand nicht wohl war, doch er hatte Angst, ihn zu ändern. Ich sprach Norman Mut zu, sich genau zu überlegen, welche praktischen Folgerungen er aus diesem Traum ziehen wolle. Es ist klug, sich immer wieder vor Augen zu halten, daß Träume dem Träumenden grundsätzlich eine Hilfe bieten wollen, indem sie bestimmte Dinge beleuchten. Jedoch ist es nicht notwendig, dann sofort voller Tatendrang loszustürmen oder sich selbst gleich streng danach zu beurteilen, was man mit den Entdeckungen aus seinen Träumen anfängt oder lieber doch nicht anfängt.

Einsichten aus Ihren Träumen helfen Ihnen, vieles besser zu verstehen. Was Sie dann praktisch beschließen, ist eine Frage Ihrer persönlichen Entscheidung.

Wie wir schon gesehen haben, sind die **äußeren Umstände** eines Traums ein hervorragender Schlüssel für die Frage, auf welches Lebensgebiet sich der Traum bezieht. Wenn Sie zum Beispiel von einer Begebenheit träumen, die sich in der Schalterhalle einer Bank abspielt, lenken Sie am besten Ihre Aufmerksamkeit einmal darauf, sich Ihre finanziellen Sorgen etwas deutlicher zu Gemüte zu führen. Oder wenn Sie träumen, wie Sie während eines hektischen Schlußverkaufs in einem Warenhaus Kleider aussuchen, will Ihnen Ihr Traummacher vielleicht vor Augen führen, wie stressig Sie es finden, Ihr angemessenes „Äußeres" oder Ihre Identität zu wählen.

Oft ist Ihr Auto ein Symbol für Ihre Identität im Leben bzw. für Ihre vorherrschende Rolle.

Wenn Sie im Traum in Ihrem Auto sitzen oder sonst irgendein Fahrzeug steuern, ist es ziemlich wahrscheinlich, daß der Traum Fragen bezüglich Ihrer Identität behandelt. Leute, die den Beruf wechseln, träumen oft davon, wie sie in ihr Auto steigen und dann feststellen, daß es gar nicht ihr „normales" Auto ist. Schwangere Frauen träumen manchmal davon, daß sie ein Auto fahren, das viel größer ist als das, welches sie gewohnt sind, oder daß es sich nur sehr schwerfällig steuern läßt, wie eine Art Lastwagen oder Bus. Jemand, der auf eine spürbar anspruchsvollere Berufstätigkeit als bisher umsteigt, träumt vielleicht davon, daß er auch am Steuer eines „viel größeren" Autos sitzt. Jemand, der träumt, daß er eine Pferdekutsche lenkt und links und rechts ständig von vorbeiflitzenden Autos überholt wird, setzt sich in seinem Traum vielleicht mit Gefühlen auseinander, nicht „auf der Höhe der Zeit" oder geradezu lebensgefährlich rückständig zu sein. Als ich mich mit den Stößen von Papier für den Abschluß meiner Doktorarbeit in Psychologie abkämpfte, träumte ich öfter davon, wie ich meinen Wagen eine extrem starke Steigung hinaufsteuerte und immer Angst hatte, das Auto könne nicht stark genug sein, um die Steigung bis oben zu schaffen.

Ein Haus kann ein Symbol für das eigene Selbst sein.

Wenn Ihr Traum in einem Haus spielt, das Sie aus Ihrem wachen Leben nicht kennen, müssen Sie es sich ganz genau beschreiben und dann versuchen, seinen Sinn anhand dieser Beschreibung herauszufinden. Viele Traumanalytiker glauben, daß das Haus ein Symbol für das Selbst ist und gelegentlich auch als Symbol für den eigenen Körper steht. Wenn das Haus mehrere separate Bereiche hat, deutet das vielleicht darauf, daß der Träumende in seiner Persönlichkeit verschiedene Bereiche oder Schichten hat, die er auseinanderhält. Oft wird eine Spaltung zwischen Gefühlsleben und Vernunftdenken im Traum durch ein Haus mit einer deutlichen Trennwand dargestellt. Hat das Haus derart viele Fenster, daß Sie sich im Innern den Blicken aller ausgesetzt und sehr angreifbar fühlen, so fühlen Sie sich wahrscheinlich auch in Ihrem wachen Leben zu ungeschützt allem ausgeliefert. (Wie für jede Verallgemeinerung gilt auch hier, daß man diese Deutungen bei sich selbst „durchprobieren" muß, um zu sehen, ob sie wirklich passen.)

Suchen Sie nach Ähnlichkeiten zwischen der Beschreibung des Hauses und seinen Eigenschaften und irgendeinem Bereich Ihres Lebens im Wachzustand. Wenn Sie sich derzeit nach der Möglichkeit einer beruflichen Veränderung umschauen und davon träumen, wie Sie durch verschiedene Wohngebiete fahren, um sich nach einem Platz umzusehen, an dem Sie „leben" möchten, handelt der Traum ziemlich sicher von Ihrer inneren Suche nach einem Ort und Beruf, der Ihnen zusagt. Oft träumen Leute, die vor einer Entscheidung irgendwelcher Art stehen, davon, daß sie sich nach einem Wohnort umsehen und vielleicht in irgendein Haus einziehen, das ihnen dann abstoßend oder völlig unzureichend vorkommt. Diese Träume können wertvolle Anleitungen dafür sein, welche zur Wahl stehenden Möglichkeiten der Träumende lieber bleiben lassen sollte.

Gelegentlich kann der Ort der Handlung eines Traums auch in einem Phantasie-Land liegen. Vielleicht träumen Sie, daß Sie über einen Regenbogen schweben, auf einer Wolke sitzen oder sogar in einer Szene von *Star Trek* auftreten. Achten Sie einfach auf die Szenerie und fertigen Sie für sich selbst eine genaue Beschreibung an. Halten Sie alles fest, was der Traum Ihnen vorstellt und rechnen Sie damit, daß darin wesentliche Hinweise für den genauen Sinn stecken, den Ihnen Ihr Traummacher signalisieren möchte.

Manchmal übersehen wir irgendeinen Umstand, weil wir ihn für selbstverständlich halten oder weil er nicht wichtig zu sein scheint. Denken Sie immer daran, daß jeder Traum an jedem beliebigen Ort spielen kann, aber daß die genauen Umstände jedes einzelnen Traums sehr gezielt ausgewählt sind, weil damit immer ein ganz bestimmter Sinn für Sie bezeichnet werden soll.

Obwohl auftretende Personen und Umstände symbolischer Natur sind, handelt es sich bei vielen **Symbolen** um Figuren oder Gegenstände, die im Traum Bestandteil der Geschichte oder des Handlungsverlaufs sind. Sie ergeben nicht immer einen logischen Sinn, sondern ein Sinn ergibt sich für sie erst, wenn Sie sie für sich selbst genau beschreiben und diese Beschreibung dann daraufhin ansehen, mit welchem Phänomen in Ihrem wachen Leben das etwas zu tun haben könnte. Völlige Ungereimtheiten und „seltsame" Dinge sind ausgezeichnete Schlüssel für den Sinn. Hier ist zum Beispiel der Traum eines Mädchens namens Linda aus einer schwierigen Zeit ihrer Ausbildung.

Ich versuche, meine Bücher zum Lernen aufzuschlagen, aber sie sind zugeschlossen. Plötzlich kriege ich Angst. Wenn ich sie nicht rechtzeitig aufbekomme, falle ich bei der Prüfung durch. Ich hole mir einen Hammer und versuche, die Schlösser zu zertrümmern. Ich treffe sie, und plötzlich sind es faule Eier, die über die ganzen Bücher auslaufen. Ich denke: „Faule Eier? Wie kindisch."

Da Linda zu der Zeit Ängste und Enttäuschungen im Studium erlebte, gingen wir mit Sicherheit davon aus, daß sich ihr Traum offensichtlich auf ihre Ausbildung bezog. Das Schloß an den Büchern stellte die Herausforderung dar, sich intensiv mit Gegenständen zu befassen, die für sie beängstigend neu waren. Sie hatte Angst, sie könne nicht rechtzeitig in die Thematik „hineinkommen", um die Prüfung bestehen zu können. Ihr Versuch, das Problem trotzdem zu lösen, also die Schlösser mit dem Hammer aufzusprengen, hatte zur Folge, daß sich die Schlösser in faule Eier verwandelten, die alles besudelten und verdarben. Die *faulen Eier* beschrieb Linda als etwas, womit Kinder dummerweise irgendetwas bewarfen, um es zu verderben. Daher war ihr Gedanke im Traum gekommen: „Faule Eier, wie kindisch." Das war also die Art, wie der Traummacher Linda beibrachte, ihr Versuch, sich mit Brachialgewalt in ihre Thematik hineinzuzwingen, sei kindisch und führe zum Gegenteil dessen, was sie erreichen wollte. Linda beschloß, Nachhilfestunden zu nehmen und sich von jemandem die schwer zugänglichen Teile ihres Stoffes erklären zu lassen, also die ganze Sache auf reifere, weniger von Panik erfüllte Art anzugehen. Höchstwahrscheinlich blockierten gerade ihre Versuche, sich zum Erfassen des Stoffes zu *zwingen*, ihre Fähigkeit, wenigstens etliches davon richtig zu erfassen.

Seltsame oder „verworrene" Traumerlebnisse sind bei der Deutung hochwillkommen – tun Sie sie also nicht ab, sondern seien Sie dankbar dafür!

Unglücklicherweise haben die wenigsten Leute schon früh in ihrem Leben Zugang zum Deuten von Träumen. Es scheint in der Traumwelt Schichten zu geben, die man nur entdeckt, wenn man sich ganz bewußt auf Eigenarten dieser merkwürdigen Welt einläßt. Manche Leute finden die scheinbare Verworrenheit ihrer Symbole derart unmöglich, daß sie sich gar nicht für die Möglichkeit öffnen, ihr Traum könne irgendeinen tieferen Sinn haben. Sie halten ihn schlicht für verrückt und stekken ihn weg wie einen kurzen Anfall von Unwohlsein oder eine belanglose Zufälligkeit. Nun sind zwar manche Träume tatsächlich wichtiger als andere, aber völlig belanglos ist keiner, und auch die Elemente oder Handlungen, die in ihnen auftauchen, sind nicht ohne Sinn. Ganz gleich, mit welchem Trauminhalt Sie sich beschäftigen, halten Sie sich immer vor Augen, daß er für Sie einen Sinn birgt und daß sein Auftauchen gerade *jetzt* kein Zufall ist.

Wenn Sie mit gesundem Menschenverstand von dieser Einstellung ausgehen und sich ein vernünftiges Maß Mühe geben, um die Sprache der Träume verstehen zu lernen, können Sie ungemein bereichert werden, ohne zwanghaft alles bis ins Letzte analysieren zu wollen.

Genau wie Ungereimtheiten und Brüche sind auch bizarre und magische Elemente wichtige Schlüssel für das Erschließen des Sinns. Ja, solche Elemente helfen oft viel leichter die Deutung finden. Schauen wir uns den Traum eines Studenten namens Ted an, der ihm kam, als sein Zimmerkamerad aus dem College vorhatte, während kurzer Schulferien bei ihm daheim einen Besuch zu machen.

Ich komme mit Chris daheim an und stelle fest, daß unser Haus völlig verändert ist. Es ist total baufällig und abstoßend. Die Veranda ist verrottet und sieht schrecklich aus; es ist, als hausten hier irgendwelche Hinterwäldler. Dann gehe ich hinein und stelle überall Chris vor, und meine ganze Familie trägt Lumpen und wirkt verkommen wie ein Trupp Obdachloser. Die Zähne sind ihnen ausgefallen, an allem fehlt es. Ich bin total fertig, denn Chris kommt aus einer ziemlich reichen Familie. Ich bedauere es, ihn für die Ferien eingeladen zu haben, aber ihm scheint gar nichts besonderes aufzufallen. Er ist zu allen freundlich, und jeder außer mir genießt unser Zusammensein. Dann passiert etwas Merkwürdiges. Ich gehe ins Bad und sehe etwas Glitzerndes in der Seifenschale. Danach gibt es Mittagessen, und im Teller eines jeden glitzert irgendetwas. Jedes Familienmitglied hat diese glitzernden Dinger vor sich. Ich hebe eines auf und sehe, daß es ein Diamant ist. Überall sind Diamanten, im ganzen Haus, besonders da, wo sich die Mitglieder meiner Familie aufhalten.

Ted kam das Haus seiner Familie im Traum völlig schäbig und schrecklich vor, aber nur ihm, nicht allen anderen im Traum. Er fand alles in seiner Familie schlimm und schämte sich entsetzlich für sie und ihre völlig heruntergekommene Lebensweise, wogegen sein reicher Freund Chris daran gar keinen Anstoß nahm, ja gar nichts irgendwie Negatives zu merken schien. Das legt die Vermutung nahe, daß das Haus nur in *Teds Augen*, und sonst in niemandes Augen in einem so zerrütteten Zustand war. (Wir haben hier also einen Fall, wo der Traum eine Sehweise reflektiert, die der Träumende bewußt nicht einnimmt, aber unbewußt hat, so daß es sehr hilfreich ist, wenn ihm der Traum diese zu Bewußtsein bringt.)

Der Traum bezieht sich also eindeutig auf Teds Familienleben; das zeigt sein Schauplatz. Worum genau es geht, offenbaren Teds Gefühle: die Aufregung darüber, daß er einen reichen Freund zu Besuch in seiner „schlichteren" Familie mit heim bringt.

Sehen wir uns genauer die Handlung des Traums an. Die Familie versteht sich mit Chris gut, und er auch mit ihr. Was tatsächlich geschieht, entspricht also nicht den Ängsten des Träumers. Träume von einem befürchteten Ereignis, das sich als überraschend unproblematisch herausstellt, sind gewöhnlich Signale dafür, daß das Maß an Sorge um ein Mißlingen oder eine Blamage unangemessen und nicht notwendig ist.

Das faszinierendste Symbol des Traums sind natürlich die Diamanten. Teds Traummacher läßt ihn eine Zeit lang sich wundern über die vielen „glitzernden Dinger" im ganzen Haus, ehe er schließlich eines davon aufhebt und erkennt, daß es ein Diamant ist. Ted beschrieb mir seine Vorstellung von Diamanten als etwas Wertvolles, Unzerstörbares, Bleibendes. Sie sind „etwas sehr Kostbares", das Menschen einander aus Liebe schenken. Ted war in großer Sorge, seinem reichen Freund aus dem College könne sein Elternhaus sehr „schäbig" vorkommen, aber von seinem Traummacher wurde er daran erinnert, daß in diesem Haus und in seiner Familie „überall Diamanten herumlagen". Teds Elternhaus war voller kostbarer, unzerstörbarer, wertvoller Liebe.

Symbole verwendet Ihr Traummacher mit Vorliebe, um Ihnen etwas auf neue und ungewöhnliche Weise vor Augen zu führen, damit Sie die Qualität des damit Beleuchteten deutlich sehen. Oft stellt ein Symbol die spezifische Qualität mit höchstem poetischem Geschick dar, was wie in Teds Traum äußerst eindrucksvoll ist.

Stellen Sie sich zum Beispiel vor, wie dieser Traum gewirkt hätte, wenn darin keine Diamanten vorgekommen wären, sondern wenn stattdessen darin Teds Vater eine Art Unterrichtsstunde bei Tisch gehalten und gesagt hätte: „Ted schämt sich über unser kleinbürgerliches Haus, aber er übersieht dabei, welche menschlichen Qualitäten wir haben." Die Botschaft des Traums wäre hier also die gleiche gewesen, aber *emotional* hätte sie Ted sicher bei weitem nicht so angesprochen wie das Sehen von Diamanten und die atemberaubende Schönheit der „glitzernden Dinger" überall in seinem Elternhaus.

Es kann hilfreich sein, sich Kenntnis über die Bedeutung der wichtigsten Symbole anzueignen; aber um den richtigen Sinn für sich selbst zu finden, müssen Sie immer nach Ihren ganz persönlichen Assoziationen fragen.

Wenn Sie sich selbst oder Ihrer Traumdeutungs-Gruppe ein Symbol beschreiben sollen und nicht wissen, was Sie mit einem bestimmten Gegenstand anfangen sollen, dann sagen Sie zuerst einmal, was das Betreffende Ihnen ganz persönlich bedeutet. Häufig werden Ihre Assoziationen leicht von den landläufigen abweichen oder eine wichtige Tendenz offenbaren, die Sie sich bewußt machen müssen. Im vorigen Beispiel hätte ein anderer Träumer vielleicht gesagt, in seinen Augen seien Diamanten „eine schlechte Form der Investition, die praktisch totz aller Mühe kaum Zinsen einbringt." Erst mit Hilfe der Beschreibung, was für Ted persönlich Diamanten darstellten, bekam dieses Symbol für seinen Traum die passende Bedeutung. Genauso kommt es auf Ihre persönliche Beschreibung eines Gegenstands oder einer Situation an, um Ihren eigenen Traum richtig zu verstehen.

An dieser Stelle möchte ich zur Vorsicht mahnen. Die meisten von uns setzen stillschweigend voraus, daß wir im großen Ganzen alle die Welt auf ein und dieselbe Weise verstehen. Das ist ein Irrtum. Wenn in Ihren Augen schwarze Strümpfe etwas mit Prostituierten zu tun haben, muß das noch lange nicht heißen, daß ein anderer Träumer dieses Symbol genauso versteht. Wenn Sie also jemandem beim Deuten eines Traums helfen, unterstellen Sie nicht, daß das, was *Sie* mit einem bestimmten Symbol verbinden, auch Ihr Gesprächspartner damit verbindet. Das ist nämlich nicht der Fall, und folglich könnten Sie Ihren Gesprächspartner vor den Kopf stoßen oder, schlimmer noch, ihm eine Auslegung aufdrängen, die auf Ihren persönlichen Assoziationen beruht statt auf den seinigen. Damit verfehlen Sie dann ganz den Sinn, denn der Traummacher Ihres Gesprächspartners hält sich beim Erschaffen seiner Traumbilder daran, *wie Ihr Gesprächspartner die Welt versteht und die Symbole assoziiert.*

Wenn Sie in einer Traumdeutungsgruppe oder zusammen mit einem Bekannten ein Gefühl dafür bekommen wollen, wie unterschiedlich für jeden die Assoziationen sind, so machen Sie folgendes Spiel:

Wählen Sie irgendeinen etwas ausgefallenen Gegenstand, etwa „rote Kunstlederschuhe" und fragen Sie der Reihe nach jeden einzelnen in der Gruppe, was für ihn rote Kunstlederschuhe bedeuten. Dabei soll jede/r eine eigene Beschreibung geben, also nicht etwa nur die Antwort: „Ich meine dasselbe wie Sonja." Noch interessanter kann diese Sammlung von Aussagen werden, wenn Sie die Frage nachschieben: „Welche Art Menschen trägt rote Kunstlederschuhe?" Meine eigene Antwort wäre: „Rote Kunstlederschuhe tragen kleine Mädchen, die lieber Turnschuhe oder Sandalen tragen würden, aber ihre Mama besteht auf solchen Schuhen."

Diejenige Beschreibung, die Ihnen spontan und ganz persönlich kommt (aber anscheinend allgemeingültig ist), ist diejenige, die Sie brauchen. Es ist nicht nötig, nach tiefgründigen psychologischen symbolischen Zusammenhängen oder abstrakten Gedankenverbindungen zu suchen, es sei denn, Sie haben das Gefühl, noch überhaupt nicht fündig geworden zu sein. Die Gedankenverbindung, die Sie brauchen, ist diejenige, welche sich bei Ihnen persönlich einstellt. Sie paßt dann vollkommen auf Sie persönlich und läßt sich überraschend gut auf Ihre gegenwärtige Lebenslage anwenden.

Wenn jemand versucht, „Ihnen auf die Sprünge zu helfen", indem er Sie darüber aufklärt, daß Träume über Feuer immer etwas mit sexueller Verdrängung zu tun haben, bedanken Sie sich für diese Information, aber glauben Sie sie nicht unbedingt. Rechnen Sie stattdessen damit als mit einer unter vielen Möglichkeiten und fragen Sie sich im übrigen, welche Empfindungen und Gedankenverbindungen das betreffende Symbol in Ihnen persönlich weckt. Wie sah das Feuer aus? Beschreiben Sie es sich selbst genau. War es gewaltig und verzehrte alles, aber Sie hatten keine Angst vor ihm? War es aufregend? Wollten Sie es noch mehr entfachen oder waren Sie ganz außer sich vor Angst und rannten, um die Feuerwehr zu alarmieren? Wenn Sie genau klären, *wie es auf Sie persönlich gewirkt hat* und welche Rolle es im Gesamtzusammenhang des Traums gespielt hat, können Sie seinen Sinn ziemlich gut ausmachen.

Ich habe eine Freundin, die zu den vitalsten und dynamischsten Frauen gehört, die ich je kennengelernt habe. Bildhübsch, strahlend, mit flinker Zunge und aggressiv, hat sie die Art Schwung, die einem spontan den Gedanken eingibt, man müsse schleunigst Mega-Vitamine zu sich nehmen. Sie hat jetzt ein eigenes Unternehmen, aber vorher arbeitete sie in einer Stelle, die sie langweilte und ihr nicht die ihr angemessenen Herausforderungen und Erfolgsmöglichkeiten bot. Sie erzählte mir, daß sie in dieser Zeit wiederholt von einem Feuer geträumt habe, das kräftig und herrlich anzusehen brannte, aber eng eingedämmt war. Es war nicht schwierig zu erkennen, daß das Feuer *sie selbst* darstellte, ihren sprühenden Geist, ihren Ehrgeiz und ihr Durchsetzungsvermögen. Als sie sich selbständig machte, hatte sie diesen Feuertraum nicht mehr, vielleicht deshalb, weil sich jetzt dieser Teil ihrer selbst in ihrem wachen Dasein voll entfalten konnte.

Wie Sie den Sinn Ihres Traums entschlüsseln können

Hier folgt eine Übersicht über die grundlegende Schritte zur Freilegung des Sinns Ihres Traums. Diese Elemente werden wir ausführlich im nächsten Kapitel besprechen.

1. Beschreiben Sie den Traum genau:
verwenden Sie eine einfache Sprache und schreiben Sie in der Gegenwartsform. Vergessen Sie nicht, Ihre Gedanken und Gefühle während des Traums festzuhalten. („Ich sehe meine Schwester. Ich bin wütend.“) Wenn der Traum ziemlich lang ist, so teilen Sie seine Handlung in mehrere Szenen auf und schreiben Sie sie in mehrerer Abschnitten auf.
2. Unterstreichen oder kennzeichnen Sie:
• Handlungs-Metaphern („ich kämpfe, klettere, strample, gehe verloren“).

• Überzogene Gefühle. Wie Sie sich während des Traums gefühlt haben, oder wie es für Sie war, diese Begebenheit zu durchleben („Ich sehe mein Haus niederbrennen, *und ich bin erleichtert.*").
• Symbole (Bestimmte Personen und Charaktere, Ort und Umstände der Handlung, Gegenstände).
3. Fertigen Sie genaue Beschreibungen der Handlungs-Metaphern, Symbole und Gefühle an. Wiederholen Sie die Beschreibung für sich selbst, oder wenn Sie mit anderen zusammenarbeiten, lassen Sie jemanden Ihre Beschreibung für Sie wiederholen. Woran in Ihrem Wachzustand erinnert Sie das? Wenn Sie die Beschreibung sorgfältig genug gemacht haben, werden Sie staunen, wieviele Querverbindungen zu Ihrem wachen Leben Ihnen kommen. Wenn Sie es mit einem langen Traum zu tun haben, nehmen Sie ihn sich Szene um Szene vor und fertigen Sie eine genaue Beschreibung jeder einzelnen Szene an. Stellen Sie zuerst alle Ihre Beschreibungen fertig, ehe Sie damit anfangen, nach Querverbindungen zu suchen.

Manche benützen gern einen farbigen Textmarker für die genaue Kennzeichnung von Handlungsverlauf, Symbolen und Gefühlen in ihrem Traumbericht. Andere tun sich leichter, alles Wichtige zu unterstreichen und dann noch einmal neu anhand des Traumberichts die einzelnen Themen zu formulieren. Welche Methode Sie wählen, liegt an Ihnen. Wenn Sie es sich zur Gewohnheit machen, Ihre Träume niederzuschreiben und auszuwerten, finden Sie ganz von allein die für Sie hilfreichste Methode. Worum es geht, ist, daß Sie sich darin üben, auf Handlungsverlauf, Gefühle und Symbole in Ihren Träumen zu achten, sie aus dem Traum selbst herauszuholen und dann die Querverbindungen zu Ihrem Leben im Wachzustand auszumachen.

Weitere Schlüssel für die Traumdeutung

Zusätzlich zu Handlungsmetaphern, überzogenen Gefühlen und Symbolen bieten uns unsere Träume gelegentlich sogar noch stärkere Schlüssel für ihren Sinn.

Zitate und direkte Kommentare als Schlüssel für den Sinn

Immer, wenn Sie in einem Traum jemandem gegenüber einen direkten Kommentar äußern, vor allem, wenn ansonsten die Konversation recht spärlich bleibt, haben Sie damit einen interessanten Schlüssel. Wenn Sie zum Beispiel einem Menschen begegnen, den Sie mögen, und zu ihm sagen: „Das mache ich nicht weiter mit", ist das ein hervorragender Faden aus Gefühl und Einsicht, der sich in Ihre Lebenswirklichkeit im Wachzustand zurückverfolgen läßt. Manchmal bieten solche Selbstgespräche eine buchstäbliche Verbindung zum wachen Leben; vielleicht träumen Sie davon, daß der Mensch, den Sie mögen, Ihnen tatsächlich etwas Unerträgliches zugemutet hat. Es kann aber auch sein, daß Sie es nicht einmal im Traum wagen, einer bestimmten Person gegenüber einen längst fälligen Gedanken zu äußern, sondern diese Aussage jemand ganz anderem an den Kopf werfen. In diesem Fall fragen Sie sich: Wo in meinem Leben habe ich das Gefühl *Das mache ich nicht weiter mit*? Übersehen Sie auch nicht die Möglichkeit, daß Ihr Traummacher den Menschen, den Sie nicht mögen, als Symbol für eine bestimmte Eigenschaft Ihrer selbst verwendet.

Kurze Träume, in denen jemand auftaucht, Ihnen etwas sagt und wieder verschwindet, bieten oft köstliche und ziemlich direkte Einsichten. Ich bezeichne solche Träume als **Anweisungs-Träume**, und je nach Inhalt können Sie sie vielleicht ziemlich wörtlich übernehmen. In einem meiner Lieblingsträume dieser Art trat meine Großmutter auf, sagte: „Mach dir nicht so viele Sorgen, tu einfach dein Bestes" und verschwand wieder. Ich war amüsiert und gerührt, daß mein Traummacher eine der besten Ratgeberinnen aller Zeiten gewählt hatte, um mir diese kleine kostbare Lebensweisheit beizubringen. Es ist unnötig, zu sagen, daß, wenn Ihnen jemand im Traum erscheint und Ihnen eine eher gefährliche Anweisung gibt, wie etwa: „Reiß Dir die Haare aus", Sie dieser Anweisung nicht Folge leisten sollten. Behalten Sie bei allen Träumen Ihren gesunden Menschenverstand, genau wie Sie das bei jedem Vorschlag eines guten Freundes oder Bekannten tun würden, der Ihnen etwas Seltsames vorschlägt. Nur weil sie Ihnen im Traum kommt, ist darum eine Anweisung nicht schon unbedingt richtig. Allerdings ist die Grundtendenz schon, daß Anweisungs-Träume für Sie etwas Heilsames zum Inhalt haben. Ein anderer häufiger Traum dieser Art kam mir ungefähr ein Jahr nach Beendigung einer Liebesbeziehung, über deren Scheitern ich besonders traurig gewesen war.

Ich fahre ein neues Kabrio. Bei mir ist Jake (ein alter Freund von mir). Er sitzt im Beifahrersitz. Er wendet sich mir zu und sagt: „Weißt du, du kannst mich überall herauslassen. Du mußt mich nicht mehr dauernd mitnehmen."

Dieser Traum gab mir tatsächlich eine sehr sinnvolle Anweisung. Ich hatte weiterhin dieser Beziehung nachgetrauert und auch dann noch Selbstzweifel gehegt, als es schon längst an der Zeit war, meine Erinnerungen „loszulassen". Mit dem Umstand, daß ich ein neuen Sport-Kabrio (ein „convertible") fuhr, wurde mir die Einsicht vor Augen geführt, daß ich die vorteilhafte Gabe besaß, mich zu verändern und schmerzliche Erfahrungen in heilsame Lektionen umzuwandeln („to convert"). Und daß Jake zu mir sagte, ich könne ihn „überall herauslassen", war die Art, auf die mir mein Traummacher signalisierte, daß ich tatsächlich frei sei. Dank dieses Traums war ich imstande, wieder jenes Gefühl „Alles klar, ich lebe wieder ganz" zu bekommen, das anzeigt, daß man wieder zu seiner Ganzheit gefunden hat. Interssant zu vermerken ist, daß mir dieser Traum genau am ersten Jahrestag unserer Trennung kam. Solche Jahrestags-Träume treten ziemlich oft auf, sogar noch nach etlichen Jahren. Lassen Sie sich nicht davon beeinträchtigen, wenn Sie am Jahrestag eines traurigen Geschehnisses wieder von diesem träumen. Das muß nicht unbedingt bedeuten, daß Sie sich mit diesem Geschehnis noch nicht genügend auseinandergesetzt oder nach so langer Zeit noch nicht weit darüber hinausgekommen sind. Es scheint vielmehr, daß unsere emotionale Natur sich zeitliche Umstände besonders gut merken kann. Möglicherweise sind Sie sich des Jahrestags gar nicht bewußt, aber Ihr Traum erinnert Sie daran. Nehmen Sie Ihre schmerzlichen Gefühle behutsam an und schätzen Sie die Weisheit Ihres Traummachers, wenn er in großen Zügen irgendein einschneidendes Ereignis für Sie wieder aufleben läßt. Manche Therapeuten empfehlen, man solle an solchen „emotionalen Jahrtagen" ganz besonders darauf achten, sich für die eigene Stärkung und Ermutigung etwas Besonderes zu gönnen. Je aufgeschlossener und behutsamer wir mit unseren Gefühlen umgehen, desto sicherer können wir von ihnen etwas dazulernen und dem natürlichen Heilungsprozeß seinen Lauf lassen.

Auch **Selbstgesprächs-Träume** sind oft von sehr nachhaltiger Wirkung, und ihr Sinn kann sehr direkt sein. Diese Träume enthalten typischerweise wenig Dialog, sondern an einem bestimmten Punkt sagen Sie zu sich selbst: „Ich lasse mich nicht länger so fertigmachen" oder „Ich brauche mich schließlich wegen nichts zu schämen" oder „Genau das möchte ich eigentlich tun". Oft ist der Kontext des Traums eine direkte Inszenierung des Kontexts im Wachzustand, auf den er sich bezieht. Hier ein Beispiel:

Ich kaufe an einem Feinkoststand etwas Süßes. Ich bin geschockt, als ich sehe, daß mich das Kuchenstück, das ich gekauft habe, 39 Mark gekostet hat. Ich setze mich hin, um es zu essen, und es ist fad und schmeckt überhaupt nicht. Ich denke bei mir: „Ich kaufe mir nie mehr etwas Süßes. Das kostet viel zu viel."

Dieser Traum kam mir zu einer Zeit, als ich mit Ermüdungserscheinungen zu kämpfen hatte. Es schien, mir reichte nie die Energie zu all dem, was ich fertigbringen wollte. Ich hatte schon daran gedacht, mir vom Arzt einen Termin für eine Untersuchung geben zu lassen, aber ich zögerte noch, weil mir meine Intuition sagte, daß ich wie immer nur den Bescheid bekommen würde, daß mir eigentlich überhaupt nichts fehle. Ich war amüsiert von der ziemlich abrupten Art, mit der mir mein Traummacher sagte, daß ich es mir nicht „leisten" konnte, meinem Hang zu Süßigkeiten nachzugeben. Die Tatsache, daß das süße Stück fad war und mir nicht schmeckte, sagte mir auf einer anderen Ebene, daß mein Körper mit dem zugeführten Zucker nichts anfangen konnte. Ich nahm mir schließlich die Anweisung dieses Traums zu Herzen und stellte fest, daß eine entsprechende Änderung meiner Eßgewohnheiten mir half, mehr Energie in mir zu spüren, als ich das jemals für möglich gehalten hätte.

Andere Selbstgesprächs-Träume verwenden vielleicht mehr metaphorische Handlungen und Symbole. Jedoch in der Mehrzahl der Fälle stehen die Umstände und der Inhalt, worüber Sie im Traum etwas zu sich selbst sagen, in ziemlich enger Beziehung zu Ihrer Wirklichkeit im Wachzustand. In den meisten Fällen ist Ihre Aussage für Ihr waches Leben von Belang. Sooft Sie sich also erinnern, daß Sie im Traum etwas zu sich selbst gesagt haben, geben Sie sich besondere Mühe, sich daran genau zu erinnern und es zu entschlüsseln.

Traum-Wortspiele bieten einen weiteren wichtigen Schlüssel für den Sinn. Der Traummacher in jedem von uns neigt dazu, sich sehr kreativ, dichterisch und künstlerisch zu betätigen. Viele können sich gar nicht vorstellen, daß derart raffinierte und tiefsinnige Träume in ihrem eigenen Geist produziert werden können. Traum-Wortspiele sind ein weiteres Beispiel dafür, mit welcher Kunstfertigkeit und welchem Humor unsere Träume gewoben werden. Ein Freund von mir hatte unlängst den folgenden Traum:

Ich stehe in einem Second-hand-Laden und sehe eine Spielzeug-Eisenbahn, die aber ganz neu ist. Ich nehme sie in die Hand. Sie ist wirklich hübsch. Blitzblank und intelligent gemacht. Mir gefällt sie sehr.

Als ich meinen Freund fragte, ob er sich in letzter Zeit damit abgegeben habe, im Geist mit einem neuen Zug zu spielen, brach er in schallendes Gelächter aus und sagte mir, daß ihn in der Tat die Idee umtreibe, in einem anderen Geschäft einzusteigen, also eventuell auf einen neuen Zug aufzuspringen. Anders als einige vorige Ideen, die er alle von „second hand" bezogen hatte, sei diese Idee, mit der er derzeit herumspiele, jetzt seine ureigene, die ihm „blitzblank" und „intelligent" vorkomme.

Wenn Sie sich mit einem Traum beschäftigen, schrecken Sie also nicht davor zurück, ihn wortwörtlich zu nehmen und auf Traum-Wortspiele zu achten. Hier ein Traum, den Pat, eine Pferdezüchterin, hatte, als sie sich mit dem Gedanken trug, eine ziemlich leicht aussehende Form der Pferdezucht anzufangen.

Ich bestelle den Samen für Pferdezucht durch künstliche Besamung. Statt in der üblichen Form, kommt er diesmal als kleiner Kuchen, den man später dem Pferd zu fressen geben soll. Unterwegs zu meinem Zielort fange ich an, an dem Kuchen zu knabbern. Bald merke ich, daß ich praktisch den ganzen Kuchen aufgegessen habe. Ich denke mir: „ich muß also nochmals welchen besorgen.“ Und ich frage mich, ob mir dazu mein Geld noch reicht.

Wie sie mir erklärte, ist die Pferdezucht mittels künstlicher Besamung einfach und vertrackt zugleich. Da das ganze Unternehmen ziemlich unnatürlich ist, „nimmt die Stute manchmal nicht auf" und wird nicht trächtig. Ich fragte Pat, ob sie das Unternehmen nicht für viel einfacher halte, als es in Wirklichkeit sei, denn in ihrem Traum hatte sie damit gerechnet, es sei einfach ein „kleiner Kuchen". Sie gab mir recht und setzte noch etwas viel Besseres darauf mit der Bemerkung: „Ja, ich glaube, ich habe gemeint, ich könne *den Kuchen essen und trotzdem behalten.*"

Traum-Wortspiele treten ziemlich häufig auf, und je bewußter Sie darauf achten, desto mehr davon werden Sie entdecken. Gelegentlich ist es leichter, die Wortspiele in den Träumen anderer zu finden; sie können so offen zutage liegen, daß Sie gleich hellauf lachen müssen, wenn man Ihnen den Traum erzählt. Berücksichtigen Sie immer genau die Gefühle des Träumenden und die urpersönliche Art der Materie, um die es im betreffenden Traum geht. Manchmal müssen Sie sich mit dem, was Sie spontan in einem Traum sehen, etwas „zurückhalten", wenn Sie einem anderen Träumer helfen wollen, den Sinn für sich selbst zu entdecken. Wie auf jedem Gebiet der Freundschaft und der psychologischen Hilfe ist es wichtig, sich an die Spielregeln behutsamen, respektvollen und liebevollen Umgangs miteinander zu halten.

Kapitel 5

Die Fünf-Schritte-Methode

Im Lauf meiner Arbeit mit Träumen von Schülern und Klienten habe ich eine Liste von fünf Kriterien erstellt, die dem Träumer helfen, ziemlich gut zum Kern der Aussage vorzustoßen, die der Traum machen will. Ich empfehle Ihnen diese Schritte, um fruchtbar in das Deuten von Träumen einsteigen zu können, die Ihnen nicht gleich einen Sinn erschließen oder bei denen nur ein kleines bißchen Sinn aufscheint. Je mehr Erfahrung Sie selbst sammeln, desto mehr können Sie sich von diesen Schritten lösen; diese sind also nicht als einzig mögliche Form des Zugangs gedacht.

Genau wie gemäß dem Sprichwort „alle Wege nach Rom führen", so führen auch in gewisser Hinsicht alle Wege bei der Beschäftigung mit Träumen zum Sinn hin; jedoch scheinen manche Bereiche, die es zu erkunden gilt, leichter zugänglich und weniger verwirrend als andere, und man muß dazu nicht der Vertreter einer bestimmten Schulrichtung oder Philosophie sein. Hier also meine Fünf-Schritte-Methode:

1. Halten Sie Ihren ersten Eindruck von diesem Traum fest
2. Stellen Sie die Handlungs-Metaphern fest, die er enthält
3. Registrieren Sie Ihre Gefühle während des Traums
4. Erstellen Sie eine Liste der Symbole sowie der handelnden Personen und der Umstände
5. Suchen Sie nach dem „Geschenk", das Ihnen der Traum machen will

Betrachten wir jetzt diese Schritte im einzelnen.

1. Halten Sie Ihren ersten Eindruck fest

Es geht hier darum, was der Traum in Ihnen „ausgelöst" hat.

Greifen Sie also noch kein Symbol heraus und lassen Sie sich noch nicht genauer auf irgendeine Episode des Traums ein. Treten Sie vielmehr im Geist einen Schritt zurück und schauen Sie den Traum insgesamt an, als wäre er ein Film oder ein Gemälde. Wenn Sie ein Bekannter nach einem Film fragt, den Sie gerade gesehen haben, und Sie sollen mit drei, vier Worten Ihren Gesamteindruck äußern, schalten Sie automatisch auf „Kurzantwort". Das heißt, Sie sagen: „Grausig. Dracula mit eingebauter love story.", oder: „Aufguß eines Western", oder: „Tragikomisch", „Zu viel Blut und Tränen", „Der ewige Verlierer, der am Schluß doch gewinnt", „Liebe auf Irrwegen". Es kommt also darauf an, sozusagen den Nachgeschmack auf eine Formel zu bringen. Auch wenn Sie mit anderen über ihre Träume sprechen, fragen Sie sie immer nach diesem Gesamteindruck, also nicht nach einer ausführlichen Deutung, sondern dem spontanen Gefühl. Viele Neulinge gehen bei diesem Schritt gleich in die Vollen und versuchen, Verbindungen zu ihrem Wachzustand herzustellen. Die Ergebnisse sind verheerend und völlig unsinnig. Jetzt ist nicht der Zeitpunkt, zu fragen: „Hast du vor, mit jemandem anzubändeln?" Hier geht es nur darum, die Grundstimmung des Traums zu ***beobachten*** und zu sagen: „Meinem Gefühl nach geht es um die Sehnsucht nach menschlicher Nähe." Wenn jeder in der Gruppe ähnlich empfindet, sind Sie ziemlich sicher auf der richtigen Spur.

Dieser **erste Eindruck** gibt Ihnen einen guten Einstieg in die weitere Auseinandersetzung mit dem Traum und kann Ihnen als eine Art Landkarte des Geländes dienen, das Sie erforschen wollen. Außerdem bewahrt Sie diese erste Frage davor, die Fähigkeit Ihres Geistes, den Sinn zu ergründen, gleich mit der Einstellung abzuwürgen: „Ich weiß nicht, was dieser Traum bedeuten soll. Mir kommt er sinnlos vor." Es ist *furchtbar* schwer, Ihre Fähigkeit, etwas richtig zu verstehen, auch dann noch einzusetzen, wenn Sie von vornherein der Auffassung sind, daß Sie sowieso nichts verstehen. In Wirklichkeit ist es ganz normal, daß man seinen Traum nicht gleich beim ersten Hinschauen voll versteht, und deshalb sollte man zunächst das registrieren, was einem daran besonders auffällt. Das Gefühl, das er weckt, ist vielleicht Verwirrung, Frustration, Streß oder Angst. Vielleicht haben Sie auch den Eindruck, insgesamt könnte dieser Traum etwas Wichtiges bedeuten. Aber selbst wenn Sie es nur mit einem Traumfragment über die Farbe Rot zu tun haben, registrieren Sie Ihren Gesamteindruck und setzen Sie nicht ohne weiteres voraus, Rot sei grundsätzlich für jedermann eine schreckenerregende Farbe – das ist sie nicht. Halten Sie fest, daß *für Sie* Rot die Vorstellung von Blut und Wunden weckt, und daß *Sie* deshalb angesichts dieses Traumfragments Unbehagen empfinden. Ihr erster Eindruck wäre in diesem Fall also „Unbehagen". Bei diesem ersten Schritt reicht diese Einsicht voll und ganz. Sie ist ein sehr guter Ausgangspunkt.

2. Stellen Sie die Handlungs-Metaphern fest

Wenn Sie die Niederschrift Ihres Traums bearbeiten, unterstreichen oder markieren Sie jetzt die Stellen, an denen Sie *handeln*. Das sind also die Momente, in denen Sie eine Tür aufreißen, sich irgendwo verstecken, durch Eisengitter fliegen, Ihren Hund Gassi führen, sich nach einem neuen Haus umsehen usw. Haben Sie die Handlungselemente beisammen, so schauen Sie sie daraufhin durch, welche metaphorischen Hinweise darin stecken könnten.

Wenn Sie Ihren Traum mündlich mit anderen teilen, bitten Sie jemanden, die Handlungs-Metaphern schriftlich festzuhalten, damit die Zusammenhänge nicht verlorengehen. Ein Handlungsverlauf wäre zum Beispiel: Sie setzen sich auf die Toilette, schauen auf und sehen, daß Sie sich statt in einer abgeschlossenen Toilette mitten in einem wuseligen Büro befinden. Als Metapher könnte diese Handlung bedeuten: Sie versuchen etwas sehr Privates, vielleicht Peinliches zu tun und finden sich jäh der Öffentlichkeit ausgesetzt. (Der tiefere Sinn ließe sich anhand der genauen Gefühle des Träumenden darüber erschließen: ob er sich erniedrigt fühlt, sich ärgert über die fehlende Privatsphäre, oder Angst davor hat, was die andern über ihn denken könnten.) Anhand dieser Handlungs-Metaphern, verbunden mit Ihrem ersten Eindruck dieses Traums, lassen sich Ihre ersten Vermutungen über seinen Sinn präzisieren.

Der Handlungsverlauf ist gewöhnlich die „story" des

Traums, wie etwa: ein Opfer sein, sich verteidigen müssen, ausgebeutet werden, jemanden zu heilen versuchen oder Liebe suchen. Haben Sie sich erst einmal die Handlungen näher angeschaut und ihre metaphorischen Hinweise erschlossen, sind Sie schon ein gutes Stück weit bei der soliden Deutung Ihres Traums vorangekommen. Auf dieser Stufe erkennt der Traumdeuter öfter freudig erregt, daß er die zunächst harte Kruste der äußeren Erscheinung seines Traums durchstoßen hat und anfängt, interessante Entdeckungen zu machen, wenn er die Handlung auf das Gebiet des Emotionalen übersetzt. Hat man erst einmal angefangen, nicht von der äußeren Erscheinung, sondern vom Sinn auszugehen, fängt der Traum an, aufregend und inspirierend zu werden. Das Gespür wird rasch immer schärfer, und je mehr Sinn der bewußte Geist entdeckt, desto klarer schälen sich die Konturen einer bestimmten Bedeutung heraus. Es ist eine sehr ermutigende und befreiende Erfahrung, wenn man auf diese Weise starke Bezüge zwischen seinem Traummacher (bzw. dem Unterbewußten) und seinem bewußten Geist herstellt. Je öfter dies stattfindet, über desto mehr Energien aus diesem „vernetzten" Bereich kann man jederzeit verfügen.

3. Registrieren Sie Ihre Gefühle

Am schwersten fällt es vielen, genau auf ihre Gefühle in ihren Träumen zu achten. Vielleicht muß man sich am Anfang geradezu *zwingen*, seine Gefühle im Traum wahrzunehmen, ehe das zur Gewohnheit wird. Wir sind vorwiegend von der Handlung beeindruckt und übersehen darüber zunächst fast unsere Gefühle, oder halten sie für selbstverständlich und nicht weiter wichtig für den Traum. Bedenken Sie jedoch immer: Ihre Reaktionen auf die „story" sind womöglich *der wichtigste Teil* dieser story.

Wenn Sie die schriftliche Aufzeichnung Ihres Traums oder Ihr Traum-Tagebuch bearbeiten, achten Sie darauf, Ihre Gefühle zu vermerken und zu unterstreichen. Falls Sie den Traum anderen erzählen, so vergessen Sie dabei nicht die Schilderung Ihrer Gefühle, damit die anderen sie in ihre Analyse einbeziehen können. Wenn man die damit verbundenen

Gefühle nicht kennt, weiß man nicht, ob die Erscheinung eines Geistes oder Ihrer verstorbenen Großmutter für Sie ein schreckenerregendes Gespenst oder eine trostvolle Erfahrung der Liebe und Nähe bedeutet hat. Die Gefühle sind in den Träumen zwar oft übersteigert, aber gewöhnlich entsprechen sie ziemlich genau Ihren tatsächlichen Gefühlen in der angesprochenen Situation in Ihrem Wachzustand. Die Gegenstände und Menschen in Ihren Träumen können sehr oft symbolischer Natur sein, und wie wir gerade gesehen haben, sind die Handlungen oft metaphorischer Natur; dagegen sind die Gefühle, die Sie in Ihren Träumen empfinden, fast immer ein getreues Abbild Ihrer „wirklichen" Gefühle im wachen Leben. Hat man also im Traum Angst gehabt, dann kann man von da aus fragen: Wo in meinem wachen Leben empfinde ich eine ähnliche Angst? Oder wo darin fühle ich mich ausgenützt oder erniedrigt?

Manche Therapeuten versuchen, eine gegenwärtige Emotion zu ihren Ursprüngen zurückzuverfolgen, und zwar anhand dessen, was sie als „affektiven Brückenschlag" bezeichnen. Sie fragen also ihren Klienten immer: „Erinnern Sie sich, wann Sie zum ersten Mal diese Art Gefühl gehabt haben?" In gewisser Hinsicht verhält sich jede Emotion tatsächlich wie eine Art Spur im Gedächtnis; man kann sie zeitlich bis zu ihrem Ursprung zurückverfolgen, so daß der Betreffende vielleicht wieder den ursprünglich Vorfall wachrufen kann, der zu der gegenwärtig auftretenden Emotion geführt hat. Auf ähnliche Weise kann man die Emotion, die man in einem Traum hat, als Erinnerung betrachten, die einen wichtigen Hinweis enthält, in welcher Richtung die Situation oder Fragestellung in Ihrem wachen Leben zu suchen ist, in der Sie eine entsprechende Emotion haben.

Vergessen Sie nicht, daß die Emotionen in Ihrem Traum wahrscheinlich viel stärker und dramatischer sind als diejenigen, die Sie in Ihrem Wachzustand erfahren. Es kann sogar sein, daß Sie in Ihrem wachen Leben Ihre Emotionen ein ganzes Stück weit unterdrücken, vor allem dann, wenn die Gefühle Ihrer Auffassung nach eher negativer Art sind. Um seine Gefühle noch einmal zu „verkosten", kann es hilfreich sein, die Augen zu schließen und sich für einen Augenblick im Geist noch einmal in den Traum zurückzuversetzen. Vor allem während Traumereignissen, die bizarr und völlig unverständlich scheinen, ist es wichtig, genau auf seine Gefühle zu achten. Oft nehmen Ereignisse im Traum eine Wendung, die in keinerlei Zusammenhang mit der Gesamthandlung zu stehen scheinen; das kann eine Herausforderung sein, stärker die Erinnerung an seine Gefühle einzusetzen, um auf den Sinn dieses scheinbaren Bruchs zu kommen.

Eine Frau in unserer Gruppe träumte, daß sie zu einer Tanzveranstaltung im Untergeschoß der Kirche ihrer Jugendzeit ging. In der dortigen Eingangshalle sah sie Teenager, die sich Heroin schossen. Diese Handlung erinnerte sie zunächst an gar nichts, und auch unsere Gruppe stand zunächst vor einem Rätsel. Erst als wir sie nach ihren Gefühlen fragten, erkannte sie, daß sie der Traum an jemanden in ihrem Leben erinnerte, der immer wieder unter dem Vorwand der Erholung, ja sogar der geistlichen Vertiefung irgendwelche gefährlichen Dinge trieb.

Als wir sie nach ihren Gefühlen fragten, erklärte sie zunächst, sie habe sich nur als Zuschauerin der Handlung und nicht eigentlich als wirkliche Mitspielerin gefühlt. Dieses Gefühl, nur „Beobachter" im Traum zu sein, ist nicht ungewöhnlich und schon für sich ein Schlüssel, denn es spiegelt den „Standpunkt" des Träumenden im Wachzustand gegenüber dieser Situation oder diesem Kontext wieder. (Wie oft haben Sie schon in Ihrem Leben gefühlt, Sie schauten sich selber bei den Ereignissen Ihres Lebens zu und nähmen irgendwie nur als distanzierter Beobachter daran teil? Wie oft haben Sie sich schon dabei zugeschaut, wie Sie einen Fehler machten oder die Richtung änderten, und Sie hatten das Gefühl, sowohl Handelnder wie Zuschauer zu sein? Vor allem bei destruktiven oder angstmachenden Ereignissen kommt das immer wieder vor: daß man regelrecht zuschaut, wie sich der Riß in der eigenen Ehe vergrößert, oder wie die Kinder irgendetwas Dummes machen und man hilflos danebensteht.) Im Fall dieser Frau stellte sich als Sinn des Traums schließlich heraus, daß sie mit dem Gefühl leben mußte, die hilflose Zeugin einer gefährlichen Vergeudung und Selbsttäuschung zu sein.

Wenn Sie Ihre Gefühle herausgearbeitet und deren Beziehung zu Situationen in Ihrem wachen Leben aufgedeckt haben, in denen eine entsprechende Saite zum Schwingen kommt, sind Sie auf dem besten Weg zu einer sehr intensiven Deutung. Im allgemeinen sind die Gefühle die Bindeglieder zwischen Traum und Interpretation. Allerdings scheinen sich manche von uns gar nicht an starke Gefühle zu erinnern; entweder sind diese ganz schnell wieder verpufft oder sie scheinen im Traum keine nennenswerte Rolle zu spielen. Nehmen Sie es nicht tragisch, wenn das bei Ihnen so ist. Versuchen Sie sich an die Gefühle zu erinnern, die Sie eben hatten, und schreiben Sie sie für die spätere Verwendung bei Ihrer Gesamtdeutung auf.

4. Erstellen Sie eine Liste der Symbole sowie der handelnden Personen und der Umstände

In der Geschichte der Traumdeutung hat man immer größten Wert auf die Traumsymbole gelegt. Die Vorstellung hat etwas Faszinierendes an sich, daß bestimmte Gegenstände in unseren Träumen bestimmte Dinge symbolisieren. Weil wir in einer Gesellschaft leben, die vorwiegend Sprache und Zahlen als Sinnträger benützt, neigen wir dazu, den Begriff des Symbolischen stark zu überschätzen.

Viele Gelehrte haben Unmengen von Literatur über Symbole verfaßt, und allgemein verbreitet ist die Vorstellung, bei der Traumdeutung gehe es darum, hinter bestimmten Traumsymbolen Dinge zu entdecken, die etwas völlig anderes als das Dargestellte bedeuten.

Das Arbeiten mit Symbolen und das Bemühen, hinter ihren Sinn zu kommen, ist gewöhnlich der längste Weg zur Deutung, und gleichzeitig derjenige, der am ehesten in die Irre führt.

Die pragmatischste Methode für die Entschlüsselung von Symbolen besteht darin, danach zu fragen, welche Assoziationen der Träumende selbst zu dem Symbol hat. (Eine Rose bedeutet für manche Leute wahre Liebe, für andere eine Geisteskrankheit. Entscheidend für die jeweilige Interpretation ist also immer, was das Symbol für den Träumenden bedeutet.) Gehen Sie hier wie bei den anderen Schritten vor: schreiben Sie die aufgetretenen Symbole genau auf und unterstreichen Sie sie. Sehen Sie sich genau den Schauplatz an, die Gebäude, die auftretenden Personen und alle Gegenstände, die Ihnen kommen, die Sie sehen oder nach denen Sie Ausschau halten. Anfangs kann es etwas verwirrend sein, nach Symbolen Ausschau halten zu sollen, weil fast alles symbolischer Natur sein kann; aber wenn Sie rasch die Personen, den Ort der Handlung und die verwendeten Gegenstände herausholen, haben Sie einen guten Einstieg.

Haben Sie alle Symbole markiert, so gehen Sie sie eines ums andere durch und sehen Sie zu, ob Sie die Schlüssel erkennen können, die diese für einen Sinn bieten. Bei diesem Vorgehen müssen Sie nicht schrecklich tiefsinnig sein oder Freudsche analytische Thesen im Hinterkopf haben. Wenn zum Beispiel einige Personen der Handlung aus Ihrem Betrieb stammen, hat Ihr Traum *höchstwahrscheinlich* etwas mit Ihrem Berufsleben zu tun. Der Einsatz von KollegInnen im Traum scheint ein Standardsignal für Träume zu sein, die sich auf die berufliche Arbeit beziehen. Selbst wenn Handlung und Umstände überhaupt nichts mit Ihrem Arbeitsplatz zu tun haben und Sie sich vielleicht mit einer Kollegin beim Rafting auf einem Floß oder auf einer Safari in der Savanne vorfinden, spielt Ihr Traum wahrscheinlich auf Ihr berufliches Umfeld an.

Das zweite wissenswerte Standardsignal für Traumfiguren ist, daß oft Verwandte wie Vettern, Eltern oder Großeltern eingesetzt werden, wenn der Traum Fragen oder Beziehungen thematisiert, die ihren Ursprung im Verwandtschaftsverband haben. Scheuen Sie sich nicht vor ganz einfachen Erklärungen. Oft sind das die richtigen.

Es ist nicht ungewöhnlich, daß man von einem alten Bekannten träumt, selbst von jemandem, der längst gestorben ist, und das, obwohl er nicht mehr Bestandteil des wachen Lebens ist. Kommt das vor, so habe ich Ihnen hier einige aufschlußreiche Fragen, die Sie sich stellen können, um herauszubringen, warum Ihr Traummacher zur Gestaltung Ihrer Träume so oft auf diese Person zurückgreift.

1. Was war in Ihrem Leben los, als diese Person darin noch eine Rolle gespielt hat?

Vielleicht sind Sie sich damals als Opfer vorgekommen und Sie machen derzeit eine ähnliche Erfahrung, obwohl Sie im Wesentlichen aus diesem Verhaltensmuster herausgewachsen sind. Oder Sie lassen sich wieder auf eine hoffnungslose Beziehung ein, so wie seinerzeit in Ihrer längst geschiedenen Ehe, und das jetzige Verhaltensmuster weckt die Erinnerung an das damalige. Oft werden Menschen für die Wiedergabe emotionaler Momentaufnahmen früherer Gefühle im Leben verwendet. Hilfreich für das Finden Ihrer Assoziationen zu einem bestimmten Menschen kann es sein, wenn Sie sich ihn oder sie als Inbegriff Ihrer Gefühle zu der Zeit vorstellen, wo Sie mit ihm/ihr zusammen waren.

2. Welchen grundsätzlichen Charakterzug assoziieren Sie mit dem betreffenden Menschen?

Versuchen Sie, das mit einem Wort oder einem Satz zu definieren. Ermutigend? Bevormundend? Naseweis? Kooperativ? Der Klassenclown? Jemand, der einen nur benützt? Eine Verführerin? Das ist vor allem dann wichtig, wenn eine Person, die aus Ihrem wachen Leben längst verschwunden ist, *ständig* in Ihren Träumen wiederkehrt. Mit ziemlicher Sicherheit soll diese Person dann eine bestimmte Qualität oder Eigenart in Ihrem Unterbewußten darstellen, vielleicht eine, mit der Sie innerlich im Konflikt liegen oder die Sie nicht ans Tageslicht kommen lassen wollen. Es ist auch möglich, daß diese Person eine Eigenart mit jemandem in Ihrem wachen Leben gemeinsam hat, und Ihr Traummacher führt Ihnen diese Ähnlichkeit vor Augen, die Ihnen bewußt noch gar nicht aufgefallen ist.

3. Wenn Sie ein zutreffendes Wort oder einen Satz für die Beschreibung dieser Person gefunden haben, fragen Sie sich: „Wer in meinem Leben oder welcher Teil meiner selbst ist so?"

Wenn Sie Ihre Assoziation mit der betreffenden Person genauer bestimmt haben und immer noch keine Verbindung von ihr zu Ihrem wachen Leben herstellen können, ist es möglich, daß die Person einen Wesenszug darstellt, der in Ihrem Leben fehlt. Eine Frau, mit der ich zu tun hatte, hatte zum Beispiel als Mädchen im Internat eine Freundin, die ihr Gedanken über Freude, Humor und Man-selbst-Sein nahegebracht hatte, die sie für den Rest ihres Lebens nicht mehr losließen. Als Erwachsene fehlte ihr diese wunderbare Nähe, die sie zu diesem Mädchen gehabt hatte, und sie sehnte sich nach der Kameradschaft, die sie als Teenager miteinander erlebt hatten. In dieser Zeit träumte sie immer wieder von dieser Freundin, wie sie miteinander auf die gleiche geistvolle Weise wie damals zu neuen Abenteuern loszogen. An den auf solche Träume folgenden Tagen empfand sie stärker denn je das Fehlen dieser Freundin, und sie fragte sich, welchen Sinn diese Träume haben sollten.

Meiner Meinung nach hatte sie diese Träume aus zwei Gründen: Zunächst einmal brauchte sie diese Art Freundschaft, sehnte sich danach und schien sie in ihrem wachen Leben nicht wieder finden zu können. Folglich versuchte ihr Traummacher eine Art Ausgleich dafür herzustellen, indem er ihr wenigstens in ihren Träumen solche Episoden der Freundschaft erschuf. (Wer von uns hätte nicht schon davon geträumt, seine ganz große Liebe zu finden und eine selige Nacht mit ihm bzw. ihr zu verbringen?) Zweitens zeigte ihr Traummacher ihr, daß das Wesentliche dieser Freundschaft und Freude *in ihrem Inneren* wohnte und folglich immer bei ihr war. Es ist zwar ein Geschenk, jemanden zu haben, den man lieben kann, aber man braucht einen solchen Menschen nicht unbedingt, um überhaupt lieben zu *können*. Es ist zu vordergründig, wenn man meint, Gefühle, die durch einen anderen in einem selbst *entzündet* oder *zum Lodern gebracht* werden, hätten ihren Urspung in diesem anderen. Häufig versuchen uns unsere Träume zu zeigen, daß unsere kostbarsten Gefühle immer in unserem eigenen Inneren bereitliegen; *daß wir also grundsätzlich ein unerschöpfliches Reservoir an Gefühlen sind*, trotz der Tatsache, daß wir zeitweise den Hahn zudrehen, etwa wenn ein geliebter Mensch unser Leben verläßt und wir so tun, als habe er unsere Liebe, unseren Humor und unsere Sicherheit mit sich genommen.

5. Suchen Sie nach dem „Geschenk“

Ich glaube, unsere Träume sind immer darauf aus, uns gesünder und ganzheitlicher werden zu lassen und unsere Entwicklung zu reifen Einzelpersönlichkeiten zu fördern. Zu diesem Zweck schenken sie uns oft Anweisungen, Einsichten und neue Perspektiven für alte Fragen, und zwar *eingekleidet in die Handlung eines Traums.* Ich brauchte etliche Jahre der Arbeit mit Schülern, ehe mir aufging, daß dies ein Zug ist, der allen Träumen gemeinsam ist. Es ist durchaus möglich, daß man einen Traum mit Erfolg und zur Zufriedenheit deutet, ohne des höchst magischen und starken Elements, das er enthält, gewahr zu werden. Dieses spezielle Element, diesen magischen Zug, der etwas Weisheitliches an sich hat, bezeichne ich als „das Geschenk“.

Oft wird ein Träumer durch seine Gedanken während der Handlung auf dieses „Geschenk“ aufmerksam gemacht. Ich träumte unlängst, daß ich durch ein leeres Haus flog und gegen eine Wand stieß. Ich dachte, wenn ich nur glauben würde, daß ich durch die Wand fliegen könne, würde ich das auch tatsächlich fertigbringen. Auf diesen Gedanken hin wurde die Wand plötzlich durchlässig, und ich konnte auf ihre andere Seite durchfliegen. Neben den übrigen sinnvollen Aspekten, die dieser Traum enthielt, war das für mich ein „Geschenk“: Es hielt mir vor Augen, daß sich viele Schranken in meinem Leben überwinden oder aufheben ließen, wenn ich nur einfach fest an meine Fähigkeit dazu glauben würde. Diese Wahrheit aus meiner Erfahrung halte ich für richtig, aber wie die meisten Menschen lasse ich mich von offensichtlichen Einschränkungen bremsen, ohne mir Gedanken darüber zu machen, ob es wirklich *notwendig* ist, mich von ihnen begrenzen zu lassen. Wenn Sie in Ihren Träumen ein solches „Geschenk“ bekommen, ist das häufig ein Hinweis darauf, daß es an der Zeit ist, Ihre Selbstverständlichkeiten zu hinterfragen.

Achten Sie auf Ihre eigenen Bemerkungen im Traum und sehen Sie zu, ob darin ein solches „Geschenk“ stecken könnte. Ein Träumer erklärte den anderen Mitspielern im Traum, er sehe gar nicht ein, warum er auf den Berg hinaufkraxeln solle, bloß weil das einmal jemand zu ihm gesagt habe. Für diesen

Mann war das der Ausdruck seines Entschlusses, sich ein ruhigeres, persönlich erfüllenderes Leben zu gestalten, als es das übliche ehrgeizige „Hetzen auf immer neue Gipfel" darstellt.

Eine junge Frau, die Gefahr lief, vom Sturm der Gefühle umgerissen zu werden, der seit dem Scheitern einer Liebesbeziehung in ihr tobte, träumte, sie halte sich an Felsklippen fest, indes die Flut immer höher stieg und sie zu ertränken drohte. Doch plötzlich, so „erinnerte" sie sich, würde es ihr wieder gut gehen, wenn sie nur an ihre Überlebensfähigkeit glaube. Sie beruhigte sich, und die Flut begann zu sinken.

Direkte Zitate in Träumen können erstaunlich tief sein, weshalb sie oft eine besonders genaue Untersuchung verdienen, wenn man sich das „Geschenk" näher betrachtet. Den meisten Leuten fällt es besonders schwer, die Wichtigkeit solcher Aussprüche zu erkennen, wenn diese verblüffend positiver Art sind. Eine Frau zum Beispiel durchlebte in ihrem Traum eine ganze Serie von Abenteuern als einsame Entdeckerin, Detektivin und Überlandreisende. An einer Stelle des Traums kreuzte sie die Klingen mit einem Gegner und lieferte ihm erstaunliche Hiebe und Paraden. Dabei schoß ihr der Gedanke durch den Kopf: *„Ich bin echt gut darin. Das sollte ich öfter machen."*

Während unserer Aufarbeitung des Traums konnte man sich leicht in dem aktionsreichen Abenteuer verlieren, wobei es darum ging, alle ihre Talente und Ambitionen in ihren wirklichen Lebensbereich einzuordnen. Doch das „Geschenk" stand im Zusammenhang mit dem recht aggressiven Unternehmen des Schwerterkampfes und ihrer Erkenntnis, daß sie darin „echt gut" sei und es „öfter machen" sollte. Das half ihr bei der Entscheidung, ob sie eine Laufbahn als Anwältin ansteuern sollte. Sie hatte eine weiche Stimme, und die meisten ihrer Freunde hatten Zweifel angemeldet, ob sie sich damit bei der Verteidigung ihres Standpunktes wirklich werde durchsetzen können. Ihr Traum jedoch zeigte ihr, daß sie ein Naturtalent war, wenn es darum ging, „nach dem Schwert (der Gerechtigkeit?) zu greifen" und recht aggressive und defensive Hiebe gegen einen Opponenten auszuteilen. Das ist ein gutes Beispiel dafür, wie ein Traum in der Lage ist, jemanden realistischer darzustellen, als das selbst seine besten Freunde können.

Das „Geschenk" kann sich auch in Augenblicken plötzlicher Einsicht während der Handlung selbst einstellen. Gewöhnlich erzählt ein Träumer die Handlung eines Traums, die sich an eine bestimmte logische Abfolge hält, und plötzlich kommt ihm eine „Einsicht", die den Ereignissen eine überraschende Wendung gibt. Eine Frau träumte, wie sie in einer Kantine (also einem Ort, wo man auswählt und bestellt) Schlange stand. Während sie sich noch langsam näher zum Schalter bewegte, um ihr Essen zu bestellen, *ging ihr auf, daß die Schlange nirgendwohin führte*. Es ergab sich, daß sich dieser Traum auf ihre Arbeitsstätte bezog, wo ihr die Arbeit Freude machte und sie hoffte, bald einmal befördert zu werden. Doch ihr Traummacher nahm messerscharf wahr, daß diese Stelle für sie eine Sackgasse war, und aus diesem Grund *ging ihr auf*, daß die Schlange nirgendwohin führte. Sie wartete also tatsächlich in ihrem wachen Leben geduldig in einer Schlange darauf, dranzukommen, aber diese Schlange führte zu nichts. Dieses „Geschenk" gab ihr die Anregung, sich nach anderweitigen beruflichen Möglichkeiten umzusehen, was sie monatelang hintangestellt hatte, und besser auf die Langzeitwirkungen ihrer Berufswahl zu achten.

Schließlich kann Ihnen das „Geschenk" zufallen, wenn Sie die gesamte Handlung des Traums noch einmal Revue passieren lassen. Es ist nicht ungewöhnlich, daß man immer wieder von seinen schlimmsten Ängsten träumt. Bei manchen von uns ist das mit der Vorstellung verbunden, daß man einen schrecklichen Unfall hat. Bei anderen geht es um den Verrat durch jemanden, den man liebt. Viele meiner Klienten kommen zum ersten Mal deshalb zu mir, weil sie der Auffassung sind, sie müßten jetzt endlich wissen, warum sie ständig von ihrer schlimmsten Angst träumen. Interessanterweise übersehen die Betreffenden übrigens in vielen Fällen die Gesamthandlung des Traums, weshalb sie dann auch nicht das „Geschenk" zu erkennen vermögen, das ihnen dadurch angeboten wird.

Eine Frau träumte, daß sie sich vorstelle, ihr Mann habe eine Liebschaft. In ihren Träumen spionierte sie ihm überall nach, war von Eifersucht zerfressen und versuchte immer wieder, unvorhergesehen heimzukommen, um ihn „mittendrin" zu erwischen. Doch unentwegt stellte sich heraus, daß er überhaupt keine Liebschaft hatte, aber sie machte ihm trotzdem eifersüchtige Vorwürfe, und schließlich schlugen sie einander. Zu guter Letzt wachte sie auf mit der Angst, ihn zu verlieren.

Diese Frau rang die Hände, als sie mir diese Träume erzählte, denn sie glaubte, wenn ein Traum so oft wiederkehre, müsse er sich ziemlich wahrscheinlich erfüllen, und sie hielt diese Träume tatsächlich für Ahnungen, daß „Ron" sie betrüge. Sie war verdutzt und hielt jäh im Gespräch inne, als ich sie fragte, ob er in diesen Träumen denn jemals tatsächlich ein Verhältnis habe. Die Antwort war: Nein. Während sich diese Aussage setzte, schauten wir einander einen kurzen Augenblick stumm an. Ich sagte: „So sind das also schreckliche Träume über etwas wirklich Schlimmes, das nie wirklich eintritt?" Ich erklärte ihr, daß eine Traumhandlung durchaus nichts Zufälliges sei, und daß jedes Element darin seinen Sinn habe. Der ganze Hergang des Traums würde eigentlich viel mehr Sinn machen, wenn am Schluß ein herumflirtender Ehemann herauskäme; folglich mußte der Traum auf etwas anderes hinauslaufen, wenn er immer sorgfältig eine dramatische Situation aufbaute und am Ende ihr Mann als Unschuldiger dastand und sie als die ihn Beschuldigende. Zusammen erkannten wir dann, daß diese Träume ihr sagten, ihre *Ängste* seien ihr schlimmster Feind, im Verein mit starken Dosen fixer Ideen und Gefühlen der Unsicherheit.

Sie hatte diese Träume für Träume über die Untreue ihres Mannes gehalten und darüber den Umstand ganz übersehen, daß die Untreue nie wahr wurde. Unglücklicherweise betrachten wir unser Leben vorwiegend durch die Brille unserer Ängste, woraus sich allzuleicht große Verzerrungen ergeben.

Das äußert sich besonders anschaulich in Träumen, wo die Betreffenden mit dem Flugzeug abstürzen und (wie Candy) ohne den geringsten Kratzer davonkommen. Oder wo jemandes Haus abbrennt und er in der Lage ist, daraus sein Kostbarstes zu retten und unversehrt zu bleiben. Viele Träume, die die Leute für „Katastrophen"-Träume halten, sind in Wirklichkeit

„Davonkomm"-Träume, in denen uns entweder gezeigt wird, welche Rolle wir bei der Verewigung unserer Ängste spielen, oder daß wir bestimmt mit heiler Haut davonkämen, selbst wenn das Schlimmste wahr würde. Wenn Sie sich nach Ihrem „Geschenk" umsehen, bedenken Sie immer, daß es sich so gut wie sicher um etwas handelt, *das Sie noch nicht wissen*, während Sie meinen, über einen bestimmten Menschen oder eine Situation schon alles zu wissen!

Die Gesamtschau Ihrer Deutung des Traums

Wenn Sie einen um den andern diese fünf Schritte gemacht haben, genügt das im allgemeinen, um den Sinn eines Traums herauszufinden. Hier noch einmal die Abfolge:

1. Halten Sie Ihren ersten Eindruck von diesem Traum fest
2. Stellen Sie die Handlungs-Metaphern fest, die er enthält
3. Registrieren Sie Ihre Gefühle während des Traums
4. Erstellen Sie eine Liste der Symbole sowie der handelnden Personen und der Umstände
5. Suchen Sie nach dem „Geschenk", das Ihnen der Traum machen will

Nun kann es gelegentlich vorkommen, daß Sie einen Traum wie beschrieben durcharbeiten, aber trotzdem ergibt sich nur verschwommen die Ahnung, was er bedeuten könnte. Ist das der Fall, machen Sie am besten Folgendes: Sie nehmen einen extra Bogen Papier und schreiben lediglich diese fünf Punkte in der Reihenfolge ihres Auftretens in Ihrem Traum darauf.

Notieren Sie also noch einmal Ihren ersten Eindruck, alle Handlungs-Metaphern, Gefühle, Symbole und das, was Sie als „Geschenk" erkennen. Dann lesen Sie sich selbst (oder der Gruppe) diese Kurzfassung laut vor und achten darauf, wie sie auf Sie wirkt. Ich bringe Ihnen hier ein Beispiel anhand eines Traums, den ich während der Abfassung dieses Buchs hatte:

Ich liege irgendwo im Klassenzimmer auf dem Boden und benütze ein Buch als Kopfkissen. Auch alle andern liegen auf dem Boden und hören, wie etwas vorgetragen wird. Jemand ganz hinten im Raum sagt: „Der Teil von dir, den du nicht magst, ist der Teil, von dem du ganz besonders willst, daß ihn die andern lieben.“ Ich sitze auf und erzähle dem Lehrer, daß dies ein sehr kritischer Punkt ist, und daß das mit Jungs Theorie von anima/animus zu tun hat, und auch mit dem, was ich als die „Träume vom verlassenen Kind“ bezeichne. Als ich aufsitze, bleibt das Buch auf meinem Kopf und balanciert darauf wie ein Hut, und der Lehrer bittet mich, noch einmal zu wiederholen, was ich gerade gesagt habe, aber jetzt dabei die anderen Studenten anzuschauen, damit sie mir von den Lippen ablesen können.

Die fünf Punkte, die ich dem Traum entnommen habe, lauten folgendermaßen:

Ich liege auf dem Boden und benütze ein Buch als Kopfkissen.
Höre, wie etwas vorgetragen wird.
„Der Teil von dir, den du nicht magst, ist der Teil, von dem du ganz besonders willst, daß ihn die andern lieben.“
Ich sitze auf, „ein sehr kritischer Punkt“.
Das Buch bleibt auf meinem Kopf, wiederholen, was ich gerade gesagt habe.
Aber jetzt dabei die anderen Studenten anschauen, damit sie mir von den Lippen ablesen können.

In dieser Kurzfassung ist der Sinn viel leichter zu erfassen. Das Liegen auf dem Boden ist eine passive Haltung, und ich hatte tatsächlich gegenüber der Fertigstellung dieses Buchs eine ziemlich passive Haltung eingenommen. Auch das Hören auf etwas, was vorgetragen wird, ist eine passive, für Studenten angemessene Haltung. Ich stellte fest, daß ich mich nach zehn Jahren auf dem College immer noch insgeheim mehr als Schüler denn als Lehrer verstand. Daß ich das Buch als Kopfkissen benützte, spiegelt meine Einstellung, wie viele Schriftsteller dazu zu neigen, das Buch als Entschuldigung dafür zu gebrauchen, daß ich vieles andere nicht tat; es diente mir also als Ruhekissen.

Die Aufforderung vom rückwärtigen Teil des Klassenzimmers her, mich aufzusetzen (also eine aktivere Haltung einzunehmen) ist eine interessante Anweisung. In meinem Fall stammt meine Zurückhaltung, mich energischer für ein Fortkommen in meiner Laufbahn einzusetzen, ein Stück weit daher, daß ich Angst vor Kritik habe, und tatsächlich bin ich selbst ziemlich kritisch. Jenen Teil meiner selbst, den ich kritisiere, schirme ich allzugern gegen andere ab, damit sie ihn nicht auch kritisieren, und doch habe ich ganz lebhaft den Wunsch, daß andere diesen Teil mögen, damit auch ich selbst ihn besser leiden kann. Natürlich funktioniert das im Leben so nicht. Wir müssen uns erst selbst ganz annehmen; dann spiegelt sich unser Selbstvertrauen in der Art, wie andere mit uns umgehen.

In meiner Aussage, daß dies „ein sehr kritischer Punkt" sei, steckt ein herrliches Wortspiel: Der Traum handelt *von* meiner Angst vor dem Kritisiertwerden, und gleichzeitig von einem kritischen Punkt in meinem Wachstum, um diese spezifische Angst zu überwinden. Der Traum schließt damit, daß mich der Lehrer auffordert, der Klasse dieses Stück Weisheit mitzuteilen. Ich trage mein Buch als Hut, was einen Wechsel meiner Rolle andeutet: Jetzt liege ich nicht mehr als Student auf dem Boden, sondern spreche als Lehrerin/Autorin. Der Lehrer weist mich an, mich der Klasse zuzuwenden, damit sie mir von den Lippen ablesen kann. Das könnte mit der Einfachheit meiner Botschaft zu tun haben und dem geradlinigen, „erlernbaren" Zugang zur Traumdeutung, den ich vertrete. Ich werde aufgefordert, die Leute „anzuschauen", die gern erfahren möchten, was ich ihnen zu bieten habe. Das „Geschenk" in diesem Traum ist die Feststellung hinten vom Raum her über die Selbstliebe. Niemand von uns kann es sich leisten, auf die Bestätigung seiner selbst durch andere zu warten; wir müssen sie zunächst einmal uns selbst schenken. Erst dann wird wunderbarerweise das, wovon wir glaubten, wir bräuchten es von anderen, ein Teil unserer eigenen Erfahrung.

Kapitel 6

Typische Symbole und Metaphern

Von Traum-Lexika, die präzise Auskünfte geben wie: „Kühe sind immer Symbole für Calciummangel", halte ich nicht viel. Trotzdem gibt es bei Traum-Metaphern und -Symbolen bestimmte Grundtendenzen, deren Kenntnis hilfreich sein kann, wenn man sie ungezwungen als allgemeine Leitlinien betrachtet. So bringe ich hier eine Liste der gängigsten Symbole und Metaphern, für die ich allerdings nicht den Anspruch auf Vollständigkeit erhebe.

A. Zustände seiner selbst im Traum

1. Verletzt oder krank sein

Verletzungen im Traum stehen symbolisch für aktuelle Umstände. Wenn Sie träumen, daß Sie ein Bein verlieren, kann es sein, daß Sie den Boden unter den Füßen verlieren oder derzeit nicht imstande sind, auf Ihren eigenen Beinen zu stehen. Wenn Sie träumen, daß Ihnen die Stimme versagt, könnte das anzeigen, daß Sie in Ihrem wachen Leben keine Möglichkeit sehen, Ihre eigene Meinung deutlich zu vertreten.

Sehen Sie sich genau Ursache und Eigenart Ihrer Verwundung und ihren genauen Sitz im Körper an. Welche Funktion hat der betreffende Körperteil? Dient er dem Luftholen, dem Ausscheiden, dem Tragen Ihres eigenen Gewichts? (Wenn Sie es nicht genau wissen, fragen Sie jemanden. Zum Zweck Ihrer Traumdeutung können Sie entweder ein medizinisches Lexikon konsultieren oder jemanden fragen, der sich in der Symbolik der Körperteile auskennt, etwa einen Psychologen, Therapeuten oder ganzheitlich denkenden Arzt.) Allerdings sind nicht alle Bilder symbolischer Natur. Gelegentlich bringt es weiter, wenn man auf den buchstäblichen Sinn eines Bildes aus der Körperwelt achtet.

Es ist möglich, daß sich in Ihren Träumen Auskünfte über Ihren Gesundheitszustand einstellen, die Ihrem bewußten Wissen neu sind. Ich weiß von einer Frau, die eine bestimmte Zeichnung geträumt hat, und im Lauf ihrer Therapie ließ ihr Therapeut sie dieses geträumte Bild aufzeichnen. Als er es sich anschaute, überwies er sie unverzüglich an einen Arzt. Ohne irgendwie zu verstehen, um was es sich handelte, hatte sie die Wucherung einer Krebszelle gezeichnet. Sie hatte sicherlich keine bewußte Kenntnis davon, wie Krebszellen aussehen. Bei der Untersuchung zeigte sich, daß sie tatsächlich Krebs hatte. Glücklicherweise konnte sie noch rechtzeitig behandelt werden und genas schließlich wieder.

Im Umgang mit unserem Körper verfügt unser Traummacher über eine unglaubliche Fähigkeit, irgendwelche leichten Veränderungen festzustellen, zum Beispiel das Frühstadium einer Schwangerschaft. Haben Sie keine Angst davor, denn diese Träume sind oft symbolischer Natur; andererseits ist es gut, die empfangene Information auch immer von ihrer praktischen Seite her zu betrachten. Wenn Sie zu einer bestimmten körperlichen Schwäche neigen und davon träumen, wieder darin zu verfallen, überprüfen Sie das genau. Bleiben Sie sich immer der symbolischen Aussagekraft von Träumen über Krankheiten oder Verletzungen bewußt. Aus welchem Grund auch immer Sie gerade ein Trauma durchleben, kann das der Anlaß zu einem Traum sein, daß Sie sterben oder daß einer Ihrer Körperteile verwundet oder abgetrennt wird. Im allgemeinen ist das die symbolische Entsprechung der Art von Schmerz, den Sie gerade in Ihrem wachen Leben ertragen müssen.

Interessanterweise träumen Frauen gelegentlich vom Verletztwerden, und vor allem vom Bluten, wenn ihre Periode naht. Vielen Frauen ist schon das bestimmte zeitliche Auftreten solcher Träume aufgefallen. Diejenigen, für die diese Tage immer mit Schmerzen verbunden sind, träumen öfter von Szenen, in denen sie sehr schmerzlich verwundet werden.

2. Amputiertwerden oder einen Körperteil verlieren

Zu den grausigsten und schockierendsten Träumen gehören diejenigen, in denen man einen Arm, ein Bein oder einen Körperteil verliert. Amputiert zu werden, ist eine entsetzliche Vorstellung, und unser Unbewußtes benützt dieses Bild, um im Traum ein unerträgliches Gefühl des Verlusts zu erzeugen. Es ist durchaus möglich, daß jemand, der durch die Umstände gezwungen worden ist, plötzlich aus seiner langjährigen beruflichen Laufbahn auszuscheiden, davon träumt, daß ihm der rechte Arm abgenommen worden ist. Ebenso könnte der jähe Verlust eines Ehepartners durch Tod oder Scheidung einen Traum hervorrufen, in dem es um den Verlust eines Körperteils geht. Träumt man davon, daß *jemand anders* einen Körperteil verliert, so ist das gewöhnlich nur eine leicht abgewandelte Form der Spiegelung einer Verlusterfahrung, die der Träumende gerade selbst durchlebt. Wer einen solchen Traum hat, kann im allgemeinen ziemlich leicht die Situation bezeichnen, die für ihn gewissermaßen den *Verlust eines Teils seiner selbst* bedeutet.

3. Nicht sprechen können

Die Traumerfahrung, laut heraussschreien oder unbedingt etwas sagen zu wollen, aber keinen Ton herauszubringen, tritt häufig auf. Sie kann derart aufregend sein, daß der Träumer schließlich an seiner eigenen Unruhe, die er im Bett vollführt, um sich bemerkbar zu machen, aufwacht.

Dieses Phänomen bringt symbolisch zum Ausdruck, daß der Träumer in seinem Wachzustand in einer bedrängenden Situation steckt, aber nicht willens oder nicht fähig ist, sie zur Sprache zu bringen. Etwas geradeheraus zu sagen, die Trillerpfeife oder die Alarmglocke zu betätigen, ist immer ein riskantes Unternehmen, und so befinden wir uns oft in Situationen, wo wir das eigentlich tun sollten, aber nicht tun. Wenn Sie allen Grund hätten, den Mund aufzumachen, und das auch gern tun würden, aber unter Umständen leben oder arbeiten, wo das als Verrat angesehen würde, kommen Sie sich vor, als wäre ihnen der Mund verbunden. Sie machen symbolisch den Mund auf, aber Ihr Schrei erstarrt infolge der lähmenden Situation.

Physiologisch gibt es während des Traumverlaufs einen Zustand, der eine Art Lähmung bewirkt. Neurale Blockierer werden ausgeschüttet, wodurch der Muskeltonus verloren geht und der Träumer sich eine Zeit lang beim besten Willen nicht mehr rühren oder sprechen kann. Dieses Phänomen ist als Schlaflähmung bekannt, und man nimmt an, daß viele Menschen, die Angstträume haben, infolge dieser zu einer Art Halbschlaf aufwachen, in dem sie verzweifelt zu schreien versuchen und feststellen müssen, daß ihre Stimmbänder den Dienst versagen. Diese Unfähigkeit, zu schreien, wird dann wiederum in den Traum selbst zurückverlegt, und der Kampf geht weiter.

4. Sich nicht bewegen können

In manchen Fällen läßt sich die Unfähigkeit, sich als Reaktion auf einen Traum nicht bewegen zu können, auf eine physiologische Schlaflähmung zurückführen.

In anderen Fällen hat dieses Erlebnis, sich nicht rühren zu können, eine symbolische Bedeutung. Dieses Thema legt die Vermutung nahe, daß es im Wachzustand des Träumers eine Erfahrung gibt, die ihn auf geradezu panische Weise *lähmt*, so daß er sich nicht von der Stelle zu bewegen vermag. Jeder hat sein eigenes Maß an Fähigkeit, auf eine Bedrohung oder extreme Herausforderung angemessen zu reagieren. Doch für viele von uns gibt es manche Arten von Bedrohungen oder Problemen, die uns völlig aus der Fassung bringen und uns anscheinend jede Möglichkeit nehmen, wirksam dagegen anzugehen. Wenn Sie schon einmal gesehen haben, wie ein Eichhörnchen mitten auf der Straße vor Angst erstarrt, wenn es ein Auto auf sich zurasen sieht, wissen Sie, wie sinnlos die Reaktion „Starrwerden" ist. Überprüfen Sie also Ihr waches Leben, ob Sie darin etwas derart bedroht, daß dadurch Ihre gesunde Abwehrbereitschaft lahmgelegt wird.

5. Ausgeschlossen sein

Der Traum, von etwas ausgeschlossen zu sein, taucht ziemlich oft auf. Es kann sich dabei um den Nachhall einer früheren Erfahrung handeln, wo man nicht zu der Gruppe „dazugehörte", bei der man gern hätte sein wollen. Die Ursache kann auch darin liegen, daß man Eltern hatte, die offensichtlich mehr aneinander und an „erwachsenen" Tätigkeiten interessiert waren als an ihren Kindern oder einem lebendigen Familienleben.

Jemand, der unter der Einsamkeit emotionalen Ausgeschlossenseins gelitten hat, bleibt dafür sein Leben lang anfällig. Wenn „normale" oder harmlose derartige Situationen auftreten, kann das bei einem solchen Menschen unangemessen großes Leiden auslösen, oder auch den Wunsch, endlich zur „besseren" Gruppe zu gehören, die die „wirkliche" Macht besitzt. Dieser Menschentypus ist anfällig dafür, daß sein Bedürfnis des Dazugehörens ausgenützt und er in schlimme Situationen manipuliert oder hineingezogen wird. Es kann sein, daß er sich ewig an hoffnungslose Beziehungen oder unerträgliche Arbeitsbedingungen klammert, weil er sich von der Hoffnung an der Nase herumführen läßt, es fehle nicht mehr viel (d. h. er müsse nur noch eine imponierende Leistung vollbringen), bis er das Recht „gewinne", zum begehrten Kreis ganz dazuzugehören.

6. Ausgestoßen werden

Von einer Gruppe ausgestoßen zu werden, ist eine schreckliche und schockierende Erfahrung. Alle Menschen haben das Bedürfnis und den Wunsch nach Gemeinschaft, und wir identifizieren uns mit den informellen Gruppen, zu denen wir gehören.

Wenn man davon träumt, ausgestoßen zu werden, ist das ein Anzeichen dafür, daß der Träumer in einem Konflikt steckt: zwischen seinem Bedürfnis des Dazugehörens und seinem Bedürfnis, etwas zu tun oder zu sagen, was den anderen offenbaren könnte, daß sie nicht dazugehören. Im wirklichen Leben hat es gewöhnlich nicht unsere Verstoßung zur Folge, wenn wir uns verändern, etwas neu und anders machen oder uns eigenwillig artikulieren. Aber in diesem Traum kann der Betreffende erkennen, in welchem Ausmaß er bzw. sie in ein Schwarz-Weiß-Denken verfallen ist. Der/die Träumende hat sich im Dilemma verfahren, daß einerseits sein/ihr Bedürfnis des Dazugehörens absolut geworden ist und er/sie sich das dringend gewünschte Verhalten im Rahmen dieser Gruppe absolut nicht vorstellen kann. Weil unsere Träume gewöhnlich unsere Ängste und Emotionen stark überzeichnen, liegt die Vermutung nahe, daß der Träumende selbst die Ursache eines guten Teils seiner Spannung und seines Unbehagens ist.

7. Verfolgt werden

Träume vom Verfolgtwerden behandeln im allgemeinen eine sich steigernde Angst im Leben des Träumenden. Der aktuelle Auslöser der Angst kann bei jedem sehr unterschiedlicher Natur sein, aber die *psychische Dynamik*, die hier am Werk ist, begleitet den Betreffenden wahrscheinlich sein Leben lang. Das ist Bestandteil der Botschaft der Traumvorstellung, *verfolgt zu werden.* (Da wir in den meisten Fällen unsere Monster in uns selbst herumtragen, kann man diesem hier besonders schwer endgültig entkommen.)

Wenn sich die Spannung in der aktuellen Lebenssituation steigert, zum Beispiel wenn eine Frau von ihrem Ex-Ehemann bedrängt wird, kommen die alten Träume, verfolgt zu werden, wieder. Die meisten von uns hoffen, Probleme oder Gefahren gingen vorüber, wenn man sie einfach ignoriert. Manchmal tun sie das, aber ansonsten wollen uns Träume darüber, daß wir verfolgt werden, daran erinnern, daß wir womöglich offener oder pragmatischer mit unseren Schwierigkeiten umgehen sollten.

Diese Träume können auch Schlüssel dafür liefern, warum bestimmte Leute und Situationen Angst auslösen, selbst wenn sie objektiv gesehen gar nicht bedrohlich sind. Jeder, der als Kind mißhandelt, belästigt oder eingeschüchtert worden ist, kann wieder in ähnliche Gefühlsmuster zurückfallen, wenn er als Erwachsener unter Druck gerät oder sich bedrängt fühlt. Ein Geschenk unserer Träume besteht darin, daß sie unser Gespür dafür schärfen, wo die psychologischen Auslöser oder Haken liegen, die bei uns ungewollte Reaktionen hervorrufen. Das genaue Erkennen solcher Auslöser ist oft der erste Schritt in Richtung Freiwerden von übertriebenen Angstreaktionen.

Wenn in Ihnen etwas relativ Harmloses lebhafte Bilder davon weckt, wie Sie als Kind von schlimmen Dingen verfolgt worden sind, ist das ein starkes Indiz dafür, daß Ihr Körper-Geist-System in einem Reaktionsschema befangen ist, das sich bei Ihnen eingeschliffen hat, als Sie noch *keinen Ausweg* hatten. Diese Erinnerung und das rechte Verständnis der eigenen Träume ist wie eine Einladung, seine jetzigen Reaktionen kritisch zu überprüfen und sich darüber im Klaren zu werden, daß man jetzt ein Erwachsener ist und jetzt über etliche Wege und Möglichkeiten verfügt, sein Wohlbefinden zu verteidigen und zu schützen.

8. Vor einer unlösbaren Aufgabe stehen

Hier sind Sie in eine unmögliche Situation versetzt, in der Sie etwas versuchen, was gar nicht möglich ist. Vielleicht versuchen Sie gegen die Flut anzuschwimmen, oder Sie wollen ein Haus ohne Nägel bauen oder mit zu vielen Gegenständen auf einmal jonglieren. Was immer Sie zur Lösung der Aufgabe tun, macht alles nur noch schlimmer, oder mit schwindender Zeit wird die Lage immer aussichtsloser und verworrener. Gewöhnlich hat man dabei lebhaft den Wunsch, die Lage logisch und mit mehr Einsatz in den Griff zu kriegen. Aber die Abhilfen, die wirken sollten, tun das nicht, nichts rührt sich oder alles fällt immer wieder wie ein Kartenhaus in sich zusammen.

Dieser Traum führt lebhaft vor Augen, daß Sie vermutlich in Ihrem wachen Leben gerade gegen eine Überlast von Aufgaben ankämpfen. Jegliche Art von Herausforderung kann einen solchen Traum auslösen; die geläufigsten Situationen, die dahinterstehen, sind die Eröffnung eines neuen Geschäfts, eine entscheidende Prüfung oder das Mutter- oder Vaterwerden. Besonders häufig stellt sich diese Art Traum ein, wenn man unter so großem Druck steht, Tag für Tag alles richtig hinzubekommen, daß man sich gar nicht die Zeit nehmen kann, sich überfordert zu fühlen. Unser bewußter Geist hilft uns, die Panik und das Erdrücktwerden zu verdrängen und tagsüber weiter voll funktionsfähig zu bleiben, aber unser Unterbewußtes läßt die Spannung und die Gefühle sich ausleben.

Der träumende Geist überprüft dabei die alltäglichen Herausforderungen, entdeckt vielleicht auch Möglichkeiten, die man ganz übersehen hat und erkundet Wege, besser zu arbeiten und sich zu verhalten. Obwohl diese Träume mühsam und kräftezehrend sein können, sollten Sie zuversichtlich sein, wenn Sie sie haben, während Sie etwas Neues lernen. Untersuchungen zeigen, daß Leute, die während der Anlernzeit von ihrer neuen Aufgabe *träumen*, diese gewöhnlich schneller meistern als andere, die nicht davon träumen.

Da es möglich ist, ein Stück weit seine Träume zu beeinflussen, sollten Sie sich vor dem Einschlafen vornehmen, Träume zu haben, die Ihnen weniger das Gefühl geben, erdrückt zu werden, nüchterner und klarer das neu dargebotene Material aufzunehmen und sich den Anforderungen des kommenden Tages mutig zu stellen.

9. Unvorbereitet in die Prüfung gehen

Ein besonders weit verbreitetes Thema ist die Szene, daß man in einer Prüfung sitzt und mit großem Entsetzen feststellt, daß man den Prüfungstext nicht durchgelesen oder die Vorlesungen zu diesem Thema gar nicht gehört hat. Man sitzt da, ist von Panik und Verwirrung überwältigt und fragt sich, wie man denn ganz *vergessen* konnte, sich auf die Prüfung vorzubereiten. Dieser Traum stellt sich ein, wenn man Angst davor hat, auf irgendeine Weise etwas *bieten* zu müssen und persönlich dazu neigt, von sich selbst mehr als das übliche zu erwarten. Es ist der klassische Traum dessen, der mehr leisten will, als er kann, oder der sich ständig mehr aufbürdet, als er wirklich verkraften kann. Die tröstliche Botschaft, die diese Art Traum in sich birgt, besteht darin, daß man höchstwahrscheinlich zu jenem Typus von Menschen gehört, der es sich nie gestatten würde, schlecht vorbereitet in irgendeine Prüfungssituation zu gehen. Wer so träumt, hat eher die Neigung, zu viel zu tun und sich stärker als notwendig unter Druck zu setzen.

Wenn das Hauptgewicht des Traums darauf liegt, daß Sie sich selbst Vorwürfe darüber machen, nicht genug zu studieren und sich vorzubereiten, haben Sie vermutlich die Neigung, äußerst selbstkritisch zu sein. Fragen Sie sich, ob Ihre Selbstkritik unter Streß stark zunimmt, und ob diese innere Anspannung nicht gerade Ihre Fähigkeit mindert, sich den Herausforderungen zu stellen und sie zu meistern.

10. Wieder in der Schule sein

Wird man im Traum wieder in seine Schulzeit zurückversetzt, so weist das darauf hin, daß man durch irgendetwas in seinem gegenwärtigen wachen Leben an das *emotionale Klima* der damaligen Zeit erinnert wird. Für viele bedeutet die Schulzeit den Lebensabschnitt, in dem ihre soziale Identität für ihr ganzes Leben geprägt wird. Das ist die Zeit, in der wir merken, was andere von uns denken und wo wir uns den Kopf darüber zerbrechen, ob wir anerkannt werden, genügend (sexuelle) Anziehungskraft und sympathische Eigenschaften und Talente haben, die uns ermöglichen, überall mitzuhalten. Das Selbst, das uns in dieser Zeit zurückgespiegelt wird, bewerten wir nach eher oberflächlichen Kriterien, aber weil das zu einer Zeit stattfindet, wo die Bestätigung durch Gleichaltrige besonders wichtig ist, entwickeln wir vielleicht gerade da besonders raffinierte Strategien, um unsere Mängel auszugleichen. Da *erkennt* man, daß man hübsch, stark und begabt ist. Oder man erkennt, daß man *nicht* zu den derart Begünstigten gehört, und deshalb beschließt man, sein ungünstiges Schicksal, das einem das Gefühl gibt, unwert und unbeachtet zu bleiben, auszugleichen. Die Qualitäten, die man für wirklich wichtig im Leben hält, verändern sich zwar nach diesem Lebensabschnitt dramatisch, und für die meisten Menschen besteht dann das Ziel darin, eine tiefere, reichere Art der Erfüllung zu finden.

Trotzdem steckt auch immer noch der Geist des Teenagers in uns, der dazugehören will, und gelegentlich stachelt er unsere Gefühle wieder lebhaft an.

Ganz gleich, wie Sie damals diese Zeit erlebt haben, gelegentlich kommt Ihnen das emotionale Klima von damals lebhaft wieder. Manchmal haben Sie vielleicht das schmerzliche Gefühl, wegen Ihres scharfen Verstandes bestraft zu werden, oder eine neue Liebesbeziehung wirft Sie aus dem Gleichgewicht, oder eine Enttäuschung verwirrt Sie so, daß Sie sich selbst nicht mehr ausstehen können – Gefühle, die Sie seit Jahren vielleicht nicht mehr hatten. Fragen Sie sich also, inwiefern Ihre gegenwärtige Situation wieder die gleiche Saite wie damals anschlägt, und ob es für Sie nützlich oder eher schädlich ist, sich in Ihren gegenwärtigen Entscheidungen von Sehnsüchten (und Unsicherheiten), aus denen Sie längst herausgewachsen sind, beeinflussen zu lassen.

11. Seine Sachen packen

Das Packen ist ein Zeichen dafür, daß man sich auf einen Wechsel einstellt. Wenn man seine Sachen einpackt, rüstet man sich, sich anderswo niederzulassen oder anders zu leben. Gegenstände und Kleidungsstücke werden danach bewertet, wie sie in das neue Lebenskonzept des/der Betreffenden passen. Was man stark mit sich selbst identifiziert, packt man ein, um es in die neue Situation mitzunehmen, was nicht mehr paßt, gibt man auf, scheidet man aus oder läßt es liegen.

Psychologisch gesehen, zeigt diese Tätigkeit, daß der Träumende gerade durchmustert, was ihm wertvoll ist, was er gern mag und was ihm nützlich ist, und was er ablegen will, weil er darüber hinausgewachsen ist. Genauso, wie man sich nicht vorstellen kann, Kleider aus einer anderen Zeit zu tragen, kann man auch an einen Punkt kommen, wo man sich außerstande sieht, noch Energie auf bestimmte Denkmuster zu verschwenden. Dieses Einpacken, Aussortieren und Umräumen ist im allgemeinen ein positives Zeichen dafür, daß man sein Selbst neu bejaht und seine echtesten Züge auswählt, um damit in die Zukunft zu ziehen.

12. Fallen

Träume, daß man falle, verstärken gewöhnlich irgendeine Erfahrung, daß einem im wachen Leben etwas außer Kontrolle geraten ist. Im wirklichen Leben kann das etwas so Schlimmes sein wie der Verlust des Arbeitsplatzes oder etwas so Amüsantes wie das Sich-Verliebthaben. Fragen Sie sich, wo Sie am ehesten das Gefühl haben, den Boden unter den Füßen zu verlieren (oder durch den Raum zu trudeln). Manchmal betonen diese Träume nur eine Angst, die während des Wachzustands verdrängt werden muß. Wenn alles höchst stressig und mühsam ist, fehlt uns die Zeit, um anzuhalten und unsere Gefühle zu sortieren. Viele von uns sind tagsüber voll damit beschäftigt, ihre alltäglichen Kämpfe auszutragen und finden gar nicht die *Zeit*, sich dessen bewußt zu werden, wie gefährlich die eine oder andere Situation ist, oder wie sehr sie nur noch in blindem Glauben weiterstürmen. Aber unser Unterbewußtes spürt solche unterdrückten Gefühle auf und läßt sie wie eine fest zusammengedrückte Feder im Traum aufspringen.

Handelt es sich bei Ihrem Fall im Traum nur um einen kurzen *Ausrutscher*, durch den Sie vielleicht aufwachen, so behandelt Ihr Unterbewußtes wahrscheinlich die *Möglichkeit*, daß sie in irgendeiner Hinsicht fallen könnten. Manche Athleten und Skispringer, die ihre Geschwindigkeit immer höher steigern und *nicht* fallen, träumen nachts davon, *daß* sie fallen. Damit räumt ihr Inneres sozusagen ein, daß sie ständig mit dem Risiko leben, zu fallen.

Zieht sich das Gefühl des Fallens längere Zeit hin, dann spielt das Unterbewußte vermutlich die Trauer und das Verlustgefühl eines größeren Rückfalls durch. Beachten Sie genau, wie der Fall endet. Es gibt das Märchen, wenn man im Traum erlebe, daß man falle und sterbe, werde man tatsächlich sterben. Ich habe viele Klienten, die in ihren (Traum-)Tod gefallen sind und sich immer noch bester Gesundheit erfreuen.

Wenn man träumt, daß man falle und den Fall *überlebe*, ist das in Wirklichkeit ein positives Zeichen. Wenn Sie fallen und *eigentlich* umkommen sollten, aber unversehrt davonkommen, erhalten Sie das Signal, daß alles zwar ziemlich hoffnungslos aussieht, aber Sie alles heil überstehen werden.

13. Fliegen

Für das Menschenwesen bedeutet Fliegen, die Gesetze der Schwerkraft zu überwinden und eine magische Wunschvorstellung erfüllt zu bekommen. Es kann sein, daß man träumt, man fliege, wenn man eine lohnende Erfahrung gemacht hat, etwa wenn eine öffentliche Aufführung, eine Rede oder Darbietung bestens gelungen ist. In den meisten Fällen ist diese Erfahrung ungemein angenehm. Sie kann einhergehen mit dem hochgemuten Gefühl, der Träumende könne wunderbar fliegen, einfach indem er es wolle. Solche Träume vom Fliegen können sich auch nach einer besonders befriedigenden sexuellen Begegnung einstellen.

Fragen Sie sich also, wo Sie sich unlängst bei einer Darbietung oder Erfahrung ungemein beschwingt gefühlt haben. Es wird sich um eine Erfahrung handeln, die Ihre Erwartungen weit übertroffen und Ihnen ein Gefühl der Freiheit vermittelt hat – eben so, wie wenn man zu seiner Überraschung plötzlich die befreiende Erkenntnis hat, daß man ja fliegen kann.

Die meisten Träume vom Fliegen scheinen eine großartige Fähigkeit und positive Erfahrung zu feiern; allerdings gibt es auch solche, die die Frustration reflektieren, welche sich einstellt, wenn wir alle unsere Kräfte in etwas hineingesteckt und dann doch nicht den Vollkommenheitsgrad erreicht haben, der uns vorgeschwebt hatte. In solchen Träumen erinnert sich der Betreffende, daß er fliegen kann und startet, aber nicht an Höhe gewinnen kann oder Angst hat, abzustürzen. Manchmal wird der Träumende von einem Hindernis belästigt, wie etwa Hochspannungsmasten (ein Hinweis darauf, daß Spannung oder äußere Kräfte seine Vorstellung beeinträchtigen). In diesen Träumen ist die Möglichkeit zum Fliegen quälend nahe, aber trotzdem außer Reichweite, und die Fähigkeit des Träumenden, eine vergessene Kunst wieder zu erlernen, wird quälend auf die Probe gestellt.

So frustrierend diese Erfahrung sein mag, können solche

Träume doch eine Erinnerung daran sein, daß der Träumende grundsätzlich über die inneren Kräfte und Fähigkeiten verfügt, seine Ziele zu erreichen. Es ist wichtig, daß man hier genau auf die Eigenart der Objekte oder Kräfte achtet, die dem eigenen Fliegen im Weg stehen; man kann dann die Angstmuster identifizieren, von denen man in seinem wachen Leben ausgebremst wird, etwas richtig und zufriedenstellend zustande zu bringen.

14. Einen Blick aus großer Höhe werfen

Wenn man in einem Traum von einem hohen Punkt aus auf alles herunterschaut, ist das oft ein Hinweis darauf, daß man irgendetwas in ganz neuem Licht sieht. Man ist vielleicht äußerlich in einer Situation, in der sich andere verloren fühlen würden, aber im Traum erlebt man, daß man in der Lage ist, die „großen Zusammenhänge" zu sehen, den „Überblick" oder „Durchblick" zu haben. Zeiten des Umbruchs, etwa wenn man beschließt, welche neue Richtung man einschlagen will, führen oft zu Träumen, daß man alles aus weiter Höhe überschaut.

15. Unter Wasser sein

Der Traum, unter Wasser zu sein, ist nicht ungewöhnlich. Meistens fängt er an mit der panischen Angst, keine Luft mehr zu bekommen und führt dann zur Entdeckung, daß man magischerweise trotzdem unter Wasser atmen kann. Für diesen Traum gibt es zwei hauptsächliche Deutungsmöglichkeiten. Auffallenderweise träumen viele Leute etwas derartiges genau an ihrem Geburtstag. Es scheint merkwürdigerweise eine Art tiefgründiger Erinnerung oder ein inneres Bild des Aufenthalts im Mutterschoß zu geben, wo man ja tatsächlich gewissermaßen unter Wasser atmen kann. In ihrem bewußten Denken haben Erwachsene an einem solchen Tag eher das Älterwerden oder die Feier ihres Geburtstags im Kopf, aber das Unterbewußte scheint sich daran zu erinnern, daß es der Jahrestag der Geburtserfahrung ist. In irgendeiner Tiefenschicht gibt es vielleicht einen unterbewußten Sinn für das Erneuertwerden, so als erneuere man an seinem Geburtstag seinen Vertrag mit dem Leben.

Eltern, die ein Kind erwarten, haben ebenfalls gelegentlich derartige Träume, und es scheint ein normales Element der psychologischen Vorbereitung auf die Elterschaft zu sein, sich auf diese Weise mit dem ungeborenen Fötus zu „identifizieren".

Die zweite Richtung, in der man diese Bildersprache entziffern kann, besteht darin, daß man sich nach einem fremden Element umsieht, in das man kürzlich erst eingetreten ist und dabei entdeckt hat, daß man darin – vielleicht wider Erwarten – ganz gut leben kann. Eigentlich kann man ja unter Wasser nicht atmen, aber in diesem Traum *kann* man das offensichtlich. Was bringen Sie gut fertig, was sollten Sie eigentlich – Ihren eigenen Erwartungen gemäß – gar nicht fertigbringen?

16. Eine Höhle oder einen Tunnel durchwandern

Wenn man träumt, daß man sich in einer Höhle oder einem Tunnel befindet, ist das oft eine Metapher für einen bestimmten Prozeß, eine Übergangs- und Durchgangsphase oder ein Unternehmen, worin der Betreffende gerade begriffen ist. Der Auslöser derartiger Traumbilder können Erlebnisse wie die Sorge um einen sterbenden Elternteil, der Beginn von Scheidungsverhandlungen oder der Übergang in den Ruhestand sein.

Höhle und Tunnel stehen symbolisch für das Eingeschlossen- und Abgetrenntsein, verbunden mit dem Gefühl, einsam bei einem Abenteuer in unbekanntem Gelände unterwegs zu sein. Wir haben solche Träume, wenn wir unausweichlich etwas tun müssen, das wir noch nie getan haben und woraus es kein Zurück gibt (häufig bleibt uns ja im wachen Leben keine andere Wahl), gleichzeitig aber auch nicht wissen, was uns erwartet, wie wir das meistern werden oder ob wir Schaden nehmen oder siegreich daraus hervorgehen werden. Oft handelt es sich hierbei um einen Traum, der sich auf eine Art Initiation oder Einweihung in etwas völlig Neues bezieht. Tatsächlich kennen ja die meisten Initiationsriten Symbole, die mit dem Sterben und dem Beendigen oder Erlöschen von irgend etwas zu tun haben.

17. Über einen Flur gehen

Ein Flur ist ein Gebäudeteil, der getrennte Räume miteinander verbindet. Wenn man im Traum einen Flur entlanggeht, kann das also den Weg bedeuten, den man hinter sich bringt, um scheinbar voneinander getrennte Elemente miteinander zu verbinden. Manche Leute in der Geschäftswelt und Politik haben zum Beispiel Positionen, die ständig diplomatisches Geschick und Einfühlungsvermögen erfordern. Sie haben vielleicht die Fähigkeit, sich in den Standpunkt von Person A hineinzuversetzen, dann den Flur entlangzugehen und Person B die Haltung von Person A zu erklären, und zwar wiederum auf eine Person B zugängliche Weise. Wenn Sie oft davon träumen, daß Sie einen Flur entlanggehen, könnte das also heißen, daß Sie auf diesem Gebiet des Verknüpfens und Übersetzens unverhältnismäßig viel Zeit und Energie investieren.

18. Einen Kirchenraum betreten

Wenn man träumt, in einem Kirchenraum zu sein, weist das oft darauf hin, daß der Träumende sich mit seiner äußeren religiösen Erziehung auseinandersetzt und versucht, sie sich persönlicher anzueignen, also sie auf eine neue spirituelle und psychologische Ebene zu stellen.

Einen derartigen Traum haben öfter Menschen über dreißig, denn das ist die Zeit, wo man sich von seiner ursprünglichen familiären Prägung abgesetzt und sich in scharfer Kritik und Selbstsicherheit geübt hat, aber jetzt frei genug ist, um sich ohne Abneigung gegen frühere Indoktrinationen offen auf spirituelle Fragen einzulassen.

Wenn man sich in einer Kirche oder in einem Raum der Kirche vorfindet, zeigt das, daß man emotional an die geistliche Dimension der Religion rührt. Es ist ein Anzeichen dafür, daß man in irgendeinem Bereich einen spirituellen Weg betreten hat, in seinem wachen Leben immer mehr spirituelle Untertöne wahrnimmt oder vieles im Licht der Spiritualität sieht. Das muß nicht heißen, daß der Träumende dann Mönch oder Priester wird (obwohl auch das vorkommt), aber es weist darauf hin, daß der Träumende tiefere Dimensionen in den alltäglichen Dingen zu erspüren beginnt.

19. Eine Treppe hinaufsteigen

Eine Treppe bezeichnet im allgemeinen eine aufwärtsgerichtete Entwicklung, bei der ein Schritt um den anderen getan wird, und zwar unter Aufbietung von Initiative und Anstrengung. Die Art, wie jemand im Traum eine Treppe hochsteigt, kann das gegenwärtige Gefühl des Träumenden darüber widerspiegeln, wie er den Erfolg seiner Anstrengungen im Wachzustand erlebt (die Treppe ist gelegentlich mühsamer und steiler als zu anderen Zeiten). Wenn man eine Treppenflucht mit Erfolg besteigt, kommt man vielleicht auf eine nächste Etage, was in der Traumsprache eine neue, „höhere" Handlungsebene bedeutet. Bei dieser höheren Ebene kann es sich um eine bessere berufliche Position, einen besseren Lebensstil, eine bessere Beziehung oder sonst etwas handeln, was dem Träumenden erstrebenswert ist.

20. Eine Wendeltreppe hinaufsteigen

Eine Wendeltreppe kombiniert das schrittweise Bemühen in Richtung Fortschritt mit der zyklischen Natur des Lebens. Ganz gleich, was man unternimmt, bestimmte Muster von Kampf und Erfolg kehren immer wieder. Als Kind tritt man mit Bangen zum neuen Schuljahr an und beschließt es dann in Freundschaft und Zuversicht, nur um im nächsten Jahr mit einem neuen Lehrer und neuen Anforderungen wieder ganz ähnlich anzufangen. Genauso führen uns im Erwachsenenleben unsere Belastungen, Anstrengungen und Kletterbewegungen immer weiter, aber sie scheinen sich genauso zu wiederholen und im Kreis zu drehen. Diesen Traum kann man also als Metapher deuten, die dem Träumenden vor Augen führen soll, daß er Fortschritte macht und seine jeweiligen Kämpfe auf immer höheren Ebenen stattfinden, selbst wenn er zeitweise den Eindruck hat, er tue nur immer wieder das gleiche.

21. Ungenutzte Räume entdecken

Wenn man in einem Traum einen ungenutzten Raum oder eine bislang unbekannte Abstellkammer entdeckt, ist das ein Bild für die Entdeckung schlummernder Talente oder Möglichkeiten in dem Betreffenden. Räume in Wohnungen oder Gebäuden bezeichnen Qualitäten oder Abteilungen im Innern des Träumenden. Entdeckt man also einen ungenutzten Raum, so ist das ein Wink, daß zumindest ein Aspekt des Träumenden bislang ganz in Vergessenheit geraten war, übersehen wurde oder verschlossen blieb. Die Entdeckung eines solchen Raums im Traum deutet die Möglichkeit an, man könne ihn wieder benützen. Wird man auf diese Weise auf Qualitäten in seiner eigenen Persönlichkeit aufmerksam gemacht, die derzeit unter Verschluß liegen, so ist das ein Anstoß, seine Fähigkeiten und Eigenschaften zu einem breiteren Spektrum zu entfalten.

22. Baden

Wenn man im Traum badet, deutet das auf Reinigung, Erfrischung und Erneuerung hin. Nach einer schweren Prüfung, in einer Phase der Veränderung oder nach der Beendigung eines Einsatzes träumt man gelegentlich davon, daß man badet. Oft ist das ein Hinweis darauf, daß sich in der Psyche eine Dynamik der Selbsterneuerung bemerkbar macht; sie läßt Altes los und bereitet sich für Neues. Öfter hat das auch mit dem bewußten Zulassen von Gefühlen zu tun, denn wenn man in einer Badewanne oder einem Becken voller Wasser sitzt, ist das ein wohliges Gefühl, und diese Erfahrung hat eine reinigende und aufbauende Wirkung. Gelegentlich kann sich dieser Traum auch einstellen, wenn der Betreffende sich überanstrengt hat und dringend Zeit braucht, um sich ein erholsames und wohltuendes Erlebnis zu gönnen, wie es eben das Sich-Einweichen in einer vollen Badewanne ist.

23. Duschen

Das Duschen im Traum bezieht sich darauf, daß man durch den ungehemmten Fluß seiner Gefühle geläutert wird. Viele, die sich nicht als von Natur aus emotional betrachten, finden diese Erklärung merkwürdig. Aber man braucht gar keine höchst dramatischen Emotionen zu erleben, um wohltuend zu spüren, daß es in uns etwas gibt, was wie Wasser fließt und ganz natürlich und spontan dem Leben entspricht.

24. Neue Frisur

Wenn man im Traum seine Frisur völlig verändert, deutet das auf eine Veränderung des Bildes von sich selbst. Frauen mit ganz sachlich kurzgeschnittenem Haar träumen vielleicht, daß sie plötzlich das sinnlich wallende lange Haar einer Sirene haben. Das kann eintreten, wenn eine Frau eine intime Beziehung anknüpft, die ihre erotische Seite weckt – oder wenn sie eine solche Beziehung ins Auge faßt und sich dieser Aspekt ihrer Natur deutlicher bemerkbar macht. Umgekehrt kann es sein, daß eine Frau, die sich energischer aufs Geschäfts- oder Berufsleben einlassen will, davon träumt, daß sie sich die Haare abschneidet. Es kann auch ihr Gefühl des Verlusts oder des verminderten Begehrtwerdens widerspiegeln. Trotz der heutigen Wandlung der Rolle der Frauen ist es für viele immer noch eine schwierige Aufgabe, ein gesundes Gleichgewicht zwischen dem Gefühl sinnlichen Erfülltseins und beruflicher Leistungsfähigkeit zu finden. Die meisten modernen Frauen mögen zwar stolz auf ihren Intellekt und ihre Fähigkeiten sein und in ihrem Bewußtsein jeden Zweifel über ihre Entscheidung von sich weisen, aber ihr Unterbewußtes reagiert umgehend und mit geradezu karikaturenhaften Bildern von „Sirene“ und „Spinne im Netz“, wenn eine Frau ihre Entscheidungen überdenkt und dabei starke emotionale Höhen und Tiefen empfindet.

25. Das Tragen eines Huts

Männer wie Frauen träumen öfter, daß sie einen neuen Hut tragen, was auf das Gefühl hindeutet, eine neue Identität zu besitzen oder anzeigt, daß eine bislang beiläufige Rolle jetzt beherrschend geworden ist. Da man Hüte auf dem Kopf trägt, besteht auch eine symbolische Beziehung zum intellektuellen Selbst. Das bedeutet dann, daß man in einer neuen Rolle ist, auf neue Art von sich selbst denkt und vermutlich auch eine neue Einstellung hat.

Ist der Hut extrem groß, so ist die neue Identität oder Einstellung für den Träumenden ganz besonders wichtig; manchmal deutet er auch an, in welchem Sinn sich der Betreffende jetzt versteht.

26. Man bekommt einen neuen Körperteil

Wenn man im Traum ein neues Herz, einen künstlichen Arm oder ein neues Bein bekommt oder ein Organ transplantiert erhält, deutet das auf eine sehr tiefgreifende Veränderung. Es bedeutet eine fundamentale Veränderung des Selbst, wenn man *einen Teil seiner selbst* gegen einen neuen Teil austauscht. Das bestimmte körperliche Glied, das ausgewechselt oder verändert wird, läßt sich als stellvertretend für ein bestimmtes psychologisches oder emotionales Element im Leben des Träumenden verstehen. Welche Veränderungen machen Sie derzeit durch? Ganz allgemein gesprochen, haben Veränderungen im Kopfbereich mit Perspektiven und Gedanken zu tun, Veränderungen des Herzens mit Verlagerungen von Liebe und tiefen Emotionen. Die Füße und Beine symbolisieren oft den sicheren Stand, den man hat, und die Arme und Hände stehen für die Fähigkeit des Festhaltens und Erschaffens.

27. Man richtet sein Haus neu ein oder renoviert es

Das Neueinrichten des eigenen Hauses steht symbolisch für die Neuorganisierung der Innenwelt des Selbst. Wenn man im Haus etwas Größeres umstellt, spiegelt das emotionale oder psychologische Veränderungen, die der Träumende in seinem wachen Leben zustandezubringen versucht. Baut man die gesamte *Struktur* seines eigenen Hauses um, so deutet das auf grundlegende Veränderungen hin; vielleicht auf eine Neuorientierung seiner Grundwerte.

Das Ausfegen des Untergeschosses kann das Sichten und Ausräumen von unterbewußtem Material bedeuten. Die Vergrößerung der Küche läßt an den Wunsch denken, das emotionale Leben und die familiären Beziehungen zu erweitern, oder daran, eine Familie zu gründen. Wenn man in einem bestimmten Raum einen offenen Kamin anlegt, kann das bedeuten, daß man seine Leidenschaft in eine *neue Richtung* lenken will. Der Raum oder der Teil des Hauses, um den es dabei geht, hat seinerseits wahrscheinlich eine symbolische Bedeutung, weshalb man sich ihn genauer anschauen sollte, um seine metaphorische Aussage zu erfassen. (Welchem Teil Ihrer Persönlichkeit würde dieser Raum wohl entsprechen?)

Bereiche im rückwärtigen Teil des Hauses sind privaterer Natur, beziehen sich also auf das Privatleben des Träumenden. Die Eingangshalle des Hauses bezeichnet die Art, wie man sich selbst den anderen darbietet, also die Rolle, die man den Besuchern und Vorbeikommenden vorspielt. Überprüfen Sie also genau, was im Haus Sie in Ihrem Traum verändern und sehen Sie zu, welche Beziehung das zu persönlichen Veränderungen in Ihrem Wachzustand haben könnte. Grundsätzlich deutet dieser Traum immer auf eine Veränderung und kann wichtige Aufschlüsse über Vorteile und Hindernisse geben, die der gegenwärtige Bauplan bietet.

28. Einkaufen

Das Einkaufen ist gewöhnlich eine Metapher für das Auswählen irgendeines Gegenstands oder das Sichten der eigenen Wahlmöglichkeiten. Ein wichtiger Schlüssel dafür sind die näheren Umstände. Stehen Sie am Regal im Supermarkt? Überlegen Sie, ob Sie nach etwas greifen sollen, das Sie bisher als ganz und gar nicht „super" hatten liegen lassen? Befinden Sie sich in einem exklusiven, märchenhaften Geschäft und probieren Top-Mode an? Sind Sie gerade irgendwie dabei, sich ein neues Verständnis Ihrer selbst zuzulegen? Kaufen Sie zu teure Kleider? Ist Ihr derzeitiges Selbst „zu teuer", um damit noch ein Leben lang wirtschaften zu können? Wandern Sie durch eine riesige Einkaufspassage und haben verwirrend viele Wahlmöglichkeiten? Versuchen Sie derzeit, die „richtige Wahl" für einen nächsten Lebensabschnitt zu wählen, aber sind erschlagen von den unzähligen Möglichkeiten und schillernden Verpackungen? Wenn Sie vor der Notwendigkeit einer Wahl stehen, aber nichts von all dem tun wollen, was Sie sich angeschaut haben, träumen Sie vielleicht davon, daß Sie durch ein Einkaufszentrum gehen und *nichts sehen, was Ihnen gefällt*. Verwenden Sie also die Metapher „Einkaufen" als Verallgemeinerung, beschreiben Sie genau die Umstände Ihres Einkaufs-Erlebnisses im Traum und versuchen Sie dann, im beschriebenen Sinn eine auf Sie zutreffende Deutung zu finden.

29. Essen in einer Cafeteria

In einer Cafeteria schieben Sie Ihr Tablett an allen Angeboten entlang und greifen sich heraus, was Sie haben wollen. Wenn man also davon träumt, daß man zum Essen in eine Cafeteria geht, hat das etwas mit dem Auswählen zu tun. Weigern Sie sich vielleicht, etwas auszuwählen, weil Sie nichts sehen, was Sie mögen? Beobachten Sie mit Ekel, was andere Gäste auswählen und Sie nie im Leben „essen" würden? Wenn Sie etwas auswählen: wie schmeckt es Ihnen? Ist es teuer? Ist es etwas, was Sie schon als Kind gern gemocht haben? Die Tendenz der weiteren Assoziationen, die Sie mit Ihrer Auswahl verknüpfen, kann Ihnen wertvolle Informationen über die Wahlmöglichkeiten geben, die Sie in Ihrem Wachzustand zu treffen haben.

30. Lesen einer Speisekarte

Auch das Lesen einer Speisekarte hat mit dem Treffen einer Wahl zu tun. Sie sehen durch, was alles im Angebot ist, entnehmen der Beschreibung, wie ungefähr die jeweilige Speise aussehen wird, die Sie bestellen, und machen sich Gedanken über den Preis. Achten Sie genau darauf, was Sie wählen, auf Ihre Gründe dafür und auf Ihre Reaktion auf das gewählte Gericht. Wenn Sie in Ihrem wachen Leben gerade eine neue Stelle angetreten oder etwas Neues angepackt haben und Sie träumen dann davon, daß Ihnen ein bestelltes Gericht überhaupt nicht schmeckt, könnte es sein, daß Sie sich überlegen müssen, ob Sie nicht in absehbarer Zeit „etwas Neues bestellen" sollten.

31. Die gehetzte Bedienung

Jede Frau, die schon als Bedienung gearbeitet hat, kennt diese Erfahrung. Von Zeit zu Zeit träumt sie wieder davon, daß sie überarbeitet und unterbezahlt und trotzdem niemand mit ihr zufrieden ist.

In diesem Traum geht es ungefähr folgendermaßen zu: Leute drängen sich an der Garderobe und warten auf einen freien Tisch, die an den Tischen Sitzenden warten ungeduldig auf ihr Essen, andere sind fertig und beschweren sich, das Essen sei miserabel gewesen, wieder andere rufen seit einer Viertelstunde nach der Rechnung, die Küche klingelt verärgert, weil die Mahlzeit zu lange im Schalter steht und doch heiß auf den Tisch kommen soll. Eigentlich hätten noch mehr in dieser Schicht arbeiten sollen, aber weit und breit ist in diesem Meer ungehaltener Kunden keine Hilfe in Sicht. Der Koch schimpft laut und behauptet, die Bedienung ruiniere absichtlich das Geschäft (obwohl sie mit Lichtgeschwindigkeit umherrennt). Die Träumende rennt schneller und schneller, um alles hinzubringen. Aber keine noch so große Anstrengung hilft, Stress und Ansprüche steigern sich nur immer mehr.

Dieser Traum handelt davon, daß man ungerechterweise in einer erdrückenden Lage ist und verzweifelt versucht, *die unhaltbare Situation zu retten, indem man sein eigenes Wohl, seine Gesundheit und Energie opfert.* Es mag bewundernswert tapfer sein, wenn man sich für einen kurzen Augenblick in eine Bresche wirft, aber als Dauerzustand der Überforderung kann dieses Verhalten zu chronischer Erschöpfung und lebenslanger Unzufriedenheit führen.

Die Frau, die einen derartigen Traum hat, ist oft diejenige, die im Büro am härtesten arbeitet und dazu neigt, die Fehler und Extraarbeiten anderer auf sich zu nehmen, jeden Mangel an Organisation durch eigenen Einsatz auszugleichen und sich selbst die Verantwortung für alles um sie herum in die Schuhe zu schieben. Das Ergebnis ist, daß man sie ständig lobt und es großartig findet, wie sie sich für die Firma aufreibt und sich auf Schritt und Tritt ausnützen läßt.

Wenn man sich im Traum als gehetzte Bedienung erlebt, ist das ein sehr eindeutiger Schlüssel dafür, daß man *die Veranlagung* besitzt, sich ständig zu überarbeiten, sich in jeder neuen Situation überfordert zu fühlen und dabei auch noch Minderwertigkeitsgefühle zu haben. Weil die meisten Gesellschaften harte Arbeit und opfervollen Einsatz belohnen, kann sich diese Tendenz zum Leistungs-Martyrertum jahrelang unbemerkt entfalten, bis solche Träume deutlich zeigen, wie die Lage in Wirklichkeit ist.

32. Man ißt, tut oder kauft etwas viel zu Teures

Diese Träume geben Aufschluß über irgendein Element im eigenen Leben – eine Gewohnheit, ein Verhalten oder eine Tätigkeit –, das einen zu viel kostet. Mein Traum vom 39 Mark teuren Kuchenstück ist ein gutes Beispiel dafür. In diesem Fall war die Symbolik von Kuchen und Süßigkeit ziemlich buchstäblich. Sehen Sie sich genau an, was Sie kaufen (oder beschließen, nicht zu kaufen), um daraus auf den Bereich Ihres Lebens zu schließen, um den es geht. Hat das irgend etwas mit Ihrer Arbeit zu tun? Oder damit, einen guten Eindruck zu machen? Oder daß Sie etwas tun, woran Sie eigentlich nicht mehr glauben, aber sich gezwungen fühlen, es beizubehalten? Oft sagt man sich im Traum: „Das bezahle ich nicht", oder „Das kaufe ich nie mehr". Solche Träume möchten also die ungeheuren Kosten eines Verhaltens oder einer Situation vor Augen führen, um den Träumenden anzuregen, sich davon zu befreien. Manchmal können die erlebten Episoden ganz amüsant wirken, aber ihre Botschaft sollte man sehr ernst nehmen.

33. Man ißt verdorbene oder verfaulte Nahrungsmittel

Menschen, die lange Zeit von Schnellgerichten und minderwertigen Nahrungsmitteln leben, träumen vielleicht eines Tages davon, daß sie verdorbene oder verfaulte Speisen essen. Hier scheint sich sozusagen die Weisheit des Körpers nachhaltig zu Wort zu melden und in Gestalt von Träumen mitzuteilen, daß die Nahrung, die man ihm zuführt, wertlos ist.

Im weiteren Sinn bezeichnet die Metapher des Essens den Prozeß des Sich-Einverleibens von etwas, um sich dadurch zu ernähren und zu überleben. Jeden Traum vom Essen kann man im Licht dieser Analogie genauer untersuchen. (Jemand in einer besonders unerfüllenden Beziehung könnte zum Beispiel träumen, daß er/sie in einem Restaurant oder einem Delikatessengeschäft einfach nicht bekommt, was er/sie bestellt hat.) Wenn man unschmackhafte oder verdorbene Nahrung zu sich nimmt, deutet das an, daß der Betreffende derzeit von Dingen zehrt, die für seine Bedürfnisse Gift oder jedenfalls völlig unzureichend sind. Dieses „Zu-sich-Nehmen" kann auf dem Gebiet der Arbeit stattfinden, in einer Beziehung oder sogar im sozialen oder spirituellen Bereich. Fragen Sie sich also, auf welchem Gebiet Ihres Lebens Sie etwas zu sich nehmen, das am Anfang ganz gut aussah, aber sich als verdorben herausgestellt hat.

34. Man ermordet jemanden

Wenn man sich im Traum als Mörder erlebt, spiegelt das im allgemeinen feindselig-aggressive Gefühle gegen jemanden oder gegen einen Teil seiner selbst wider. In manchen Fällen kann das tatsächliche Ziel der Feindseligkeit jemand sein, auf den man nicht wütend sein darf, weil das ein psychologisches Tabu verletzen würde, etwa ein Chef, ein Elternteil oder ein Familienmitglied, aber im Traum muß eine unbekannte Figur mit ähnlichen Charakterzügen als „Ersatzfigur" für das eigentliche Ziel der Wut herhalten.

Überraschend oft trägt die ermordete Figur Züge von Seiten des Träumenden, die dieser nicht wahrhaben will oder aus seiner Gesamtpersönlichkeit verdrängt hat. (Jemand, der sich gerade einer strengen Diätkur unterwirft, träumt vielleicht davon, wie er mit leidenschaftlichem Haß einen „fetten Kerl" ermordet. Eine Frau, die in langen Ehejahren ein wahres Martyrium durchgemacht hat, träumt vielleicht nach ihrer Ehe, daß sie einen „Heiligen" steinigt.)

Genau wie wir unsere Kleidung und unsere Meinungen gewissen Modeschwankungen unterwerfen, so lassen wir auch im Lauf unserer einzelnen Lebensphasen bestimmten Teilen unserer eigenen Persönlichkeit besondere Sympathie oder besondere Abneigung widerfahren, je nachdem, welche Werte und Ziele uns gerade bestimmen. Wenn Sie davon träumen, daß Sie jemanden ermorden, versuchen Sie sich von dem dadurch womöglich entstandenen Schrecken und Schuldgefühl zu lösen und stattdessen herauszubringen, ob Sie auf jemanden eine besondere Wut haben oder einen Zug Ihres eigenen Wesens, der Ihnen lästig ist, „umbringen" oder „abwürgen" wollen.

Wenn man ein Stück seines Selbst abwürgt, führt das natürlich nie zu etwas; früher oder später zeitigt das irgendwelche schädlichen Folgen. Nehmen Sie diesen Traum zum Anlaß, möglichst viele Einsichten über Ihre inneren Reaktionen und Vorurteile zu sammeln. Überlegen Sie, welche Erkenntnisse Ihnen dieser Traum über Ihre Einstellung zu den unterschiedlichen Rollen liefern kann, die Sie im Leben spielen, und wie Sie diese Einsicht nutzen können, um zu größerer Ganzheit und Versöhnung mit sich selbst zu gelangen.

35. Man beerdigt Leichen

Wenn man im Traum eine Leiche beerdigt, kann das ein Schlüssel zur Entdeckung von Schuldgefühlen sein. Vielleicht haben Sie einen Teil *von sich selbst* zerstört, zum Beispiel eine vergangene Rolle oder Identität, und jetzt empfinden Sie negative Gefühle, weil Sie sich so verändert haben. Eine Frau, die eine glitzernde Vergangenheit zugunsten einer ernsthaften beruflichen Laufbahn aufgegeben hat, träumt vielleicht, daß sie eine Nachtklubtänzerin begräbt. Oder ein Mann, der geheiratet hat, träumt davon, daß er alte Freundinnen begräbt. Oder eine Frau, die sich ihres Körpers schämt und ihn vernachlässigt, könnte träumen, daß sie versucht, eine Leiche zu verstekken. Die Schlüsselelemente in solchen Träumen sind die Scham und das Bedürfnis, den Körper zu verstecken (der einen Teil des Selbst oder eine Beziehung darstellen kann), sowie die Schuld darüber, etwas zerstört zu haben.

C. Träume über intime Dinge

36. Schlafzimmer-Träume

Spielt die Handlung Ihres Traums im Schlafzimmer, so ist das ein deutlicher Hinweis darauf, das Ihr Sexualleben zumindest einen Teil des fraglichen Themas ausmacht.

Träume, die im Schlafzimmer anfangen und dann irgendwo anders hinführen, zeigen, wie Ihre sexuellen Fragen Sie durch den ganzen Tag begleiten. Ist es umgekehrt, und der Traum endet nach etlichen Episoden an anderen Orten in Ihrem Schlafzimmer, dann wird Ihnen vielleicht vor Augen geführt, wie Ihr Alltagsleben bis in Ihre intime Zeit im Schlafzimmer hineinwirkt.

Befinden Sie sich in einem fremden Schlafzimmer, so beschreiben Sie genau die Eigenschaften des Raums, wie Sie sich darin fühlen und welches Geschehen Sie darin erwarten. Ist es ein viktorianischer Raum (altmodisch, steril, streng?) – oder ist er betörend, bizarr ausgestattet, mit einem riesigen

Spiegel an der Decke (fremdartig und nicht gerade Ihr Geschmack)? Ist es das Schlafzimmer Ihrer Eltern oder Ihrer Großeltern? (Was haben Sie von denen über Intimität und Sexualität gelernt? Versuchen Sie heute noch mit den Maßstäben und Erwartungen zu leben, die Ihre Eltern oder Großeltern vertreten haben?) Sind Sie in dem Bett, in dem Sie als kleiner Junge oder kleines Mädchen waren? (Versuchen Sie, eine erwachsene Beziehung zu gestalten, oder sind Sie in Ihren kindlichen Glückserwartungen und Haltungen steckengeblieben?)

37. Jemand schaut einem beim Liebesspiel zu

Erleben Sie im Traum, daß Ihnen jemand beim Liebesspiel zuschaut, dann treibt Sie wahrscheinlich die Frage um, wie die Meinung anderer Leute sich auf Ihr Intimleben auswirkt. Häufig träumt man, wie einem die eigenen Eltern zusehen, die im Raum stehen oder hereinplatzen, während man mitten im Liebesspiel ist. Gewöhnlich zeigen diejenigen, die Ihnen zuschauen, keinerlei Reaktion auf das, was Sie tun. Ihnen ist es höchst peinlich oder Sie ärgern sich, aber die anderen reden mit Ihnen, als wäre gar nichts los oder begrüßen Sie, als träfen Sie sich sonst irgendwo. In solchen Fällen können Sie sich die Frage stellen, ob Sie sich nicht unnötig den Kopf darüber zerbrechen, was andere über Ihr privatestes Leben denken.

38. Vor allen Leuten nackt

Der Traum, vor allen Leuten nackt, nur halb bekleidet oder sexuell bloßgestellt zu sein, ist sehr verbreitet. Gewöhnlich wird er verursacht durch ein Gefühl, *auf unnatürliche Weise* im wachen Leben *bloßgestellt* zu sein. Was tun Sie derzeit, das Ihnen das Gefühl gibt, besonders ungeschützt sichtbar, und vor allem verwundbar zu sein?

Jemand, der bislang sehr für sich allein gelebt hat oder sehr streng mit sich war und sich dann auf eine intime Beziehung einläßt, hat vielleicht einen solchen Traum vom Bloßgestelltwerden, weil er/sie sich auf emotionaler Ebene nackt ausgezogen fühlt. Diese Träume sind die Verstärkung eines Gefühls des Ausgesetztseins und der Verwundbarkeit und brauchen durchaus kein Hinweis darauf zu sein, daß etwas nicht stimmt. Oft kommt es in solchen Träumen vor, daß die übrigen Beteiligten gar keine Notiz davon nehmen, daß der Träumende splitternackt ist. Das ist ein Zeichen dafür, daß Sie sich zwar so *fühlen*, als sei Ihr Intimstes schutzlos den Augen aller ausgeliefert, aber daß die anderen vollauf mit *ihren eigenen* Leben und Problemen beschäftigt sind und Sie gar nicht so genau anschauen, wie Sie befürchten.

Weniger häufig, aber immerhin auch öfter kommen Träume vor, in denen man sich teilweise entblößt oder in einer sexuelle Situation an einem relativ öffentlichen Platz vorfindet und sich *nicht* unbehaglich oder peinlich fühlt. Das ist ein typisches Zeichen dafür, daß Sie gerade Grenzen oder Blockierungen in Ihrem persönlichen Leben überwinden und sich über das Gefühl der Befreiung und Vitalität freuen, das sich daraufhin einstellt.

39. Eine Prostituierte sein

Der Traum, eine Prostituierte zu sein (wenn man im wachen Leben keine ist) spiegelt im allgemeinen wider, daß man eine Entwürdigung seiner selbst hinnimmt, entweder im Tausch für Geld oder um die Erwartungen anderer zu befriedigen. Eine der Tücken des Umstands, daß man das Glück hat, eine einträgliche Karriere machen zu können, besteht darin, daß diese zu einer Art Falle werden kann, wenn die frische Farbe abblättert. Es gibt Leute, die fast ständig davon träumen, eine Arbeit zu verrichten, an der ihnen wirklich etwas liegt und die ihnen Freude macht, aber sie haben nicht den Mut, ihre finanzielle Sicherheit aufzugeben, die ihnen ihre tatsächliche Arbeit bietet. Manche wären ganz dankbar, wenn sie kein größeres Problem als dieses hätten und würden damit ganz gut leben können; aber für den, der tatsächlich schmerzlich den Zwiespalt spürt zwischen dem, was er ist und dem, was er sich zu tun gezwungen sieht, ist das durchaus kein Vergnügen.

Halten Sie also in Ihrem Leben Ausschau nach einem Bereich, in dem Sie unter Ihrem Wert gehandelt oder „benützt" werden, aber beschlossen haben, das ähnlich wie eine Prostituierte zu „schlucken", weil immerhin das Geld stimmt. Vergessen Sie dabei nicht, daß Träume die betreffenden Situationen immer stark übertreiben, um das Bewußtsein zu beeindrucken, und versuchen Sie, das Verurteilen Ihrer selbst zu vermeiden. Nutzen Sie vielmehr diese Traumbilder dazu, den Preis, den Ihr inneres Selbst für die Kompromisse zahlen muß, die Sie eingegangen sind, gründlich und mit mehr Sensibilität zu überdenken. Es lohnt sich, genauer abzuklären, wo der Schwerpunkt Ihrer Wertvorstellungen liegt; so lassen Sie es zu, daß alle Teile Ihrer Persönlichkeit sich ehrlich über den Preis und den Gewinn äußern, den Sie in Ihrer augenblicklichen Situation haben. Ein solcher Traum kann Ihnen auch helfen, deutlicher zu sehen, auf welchem Gebiet Sie sich tatsächlich in den Schmutz gezogen vorkommen, und solche Einsichten könnten für Ihre langfristigen Zukunftspläne von einiger Bedeutung sein.

40. Toiletten und Fäkalien

Träume von Toiletten, Exkrementen und Fäkalien sind recht verbreitet. Zur Verwirrung vieler sind Fäkalien sogar eines der Grundsymbole des träumenden Geistes. Versetzen Sie sich einen Augenblick in die primitive emotionale Bilderwelt des Unterbewußten und überlegen Sie, wo Sie derzeit in Ihrem Leben *emotional* etwas erleben, was man ins Bild von physischen Abfallprodukten fassen kann. In der Vulgärsprache bezeichnen wir irgendeinen Unsinn oder ein dummes Verhalten ja tatsächlich als „Scheiße", und das Wort ist sogar in den letzten Jahren immer mehr salonfähig geworden. Wer plötzlich mit unerwartetem oder schrecklichem Ärger konfrontiert wird, nimmt es recht spontan in den Mund.

Wenn Sie träumen, daß Sie von Müll umgeben sind oder über Haufen oder Gruben voller Abfall stolpern, könnte das anzeigen, daß Sie sich gefühlsmäßig von ekligen, widerwärtigen Dingen umgeben finden, vor allem mit emotionalen Widerwärtigkeiten, die andere Leute verursachen und bei Ihnen lästige Erfahrungsmuster aus der Vergangenheit reaktivieren.

Gelegentlich kann das Unterbewußte dadurch signalisieren, daß es an der Zeit ist, alte psychologische Denkschemata oder Ängste abzustoßen; es entwickelt dann aus diesem Grund Träume, die vom Ausscheiden und Sich-Entleeren handeln. Wie unser Körper nicht überleben kann, wenn er nicht immer wieder Ballaststoffe und Gifte ausscheidet, so muß auch unsere Psyche immer wieder überflüssiges Material abstoßen.

D. Andere Menschen im Traum

41. Alte Bekannte

Tauchen in Ihrem Traum ein alter Freund oder eine alte Freundin auf, mit denen Sie länger schon keinen Kontakt mehr haben, so stellt er oder sie höchstwahrscheinlich eine Eigenschaft dar, die Sie mit dieser Person in Verbindung bringen. Stellen Sie sich dazu einige Fragen, zum Beispiel: Wie würden Sie die betreffende Person mit ein oder zwei Worten beschreiben? Wählen Sie bewußt einen Allgemeinbegriff, eine plakative Beschreibung, ohne unbedingt „politisch korrekt" zu sein. Hier sind Stereotypen recht brauchbar. So träumen Sie vielleicht von einer jungen Frau, die Sie als Teenager gekannt haben, und sie galt damals als die „Schulschlampe". Oder Sie träumen von einem Freund, im Vergleich zu dem Sie sich immer mickrig vorgekommen sind, weil er viel beliebter und begabter war. Vielleicht halten Sie ihn für einen „Platzhirsch". Haben Sie auf diese Weise die Qualität der betreffenden Person näher bestimmt, können Sie sich auf die Suche begeben, wer oder was in Ihrer gegenwärtigen Situation eine ähnliche Qualität hat. Hat Ihnen unlängst jemand ein Unterlegenheitsgefühl vermittelt, oder haben Sie das selbst ausgelöst, indem Sie unangemessene Vergleiche angestellt haben? Eine Frau verabredete sich versehentlich mit zwei verschiedenen Männern am gleichen Abend. Sie war so entgeistert über ihr Versehen, daß ihr Traummacher in dieser Nacht dafür ihr Gefühl aus der Schulzeit, ein „schlechtes Mädchen" zu sein, reaktivierte.

Manchmal wird es Ihnen nicht gelingen, den alten Bekannten mit einer einzigen Charakterisierung „in den Griff" zu kriegen. In solchen Fällen ist es vielleicht besser, Sie beschreiben, wie Ihr Leben zu der Zeit ausgesehen hat, als sie mit diesem Menschen zusammen waren. Waren das „gute alte Zeiten"? Waren das Zeiten, in denen Sie einfach „im Haufen mitgelaufen" sind? War das eine Zeit, in der Sie sich zum erstenmal bewußt wurden, ein sexuell geprägtes Wesen zu sein? Die alte Bekannte, die in Ihrem Traum auftaucht, könnte also ein bestimmtes Thema wieder anklingen lassen, das damals für Sie wichtig war. In solchen Fällen ist der Betreffende nur eine Art Auslöser für eine Erinnerung, so ähnlich wie das die ersten Zeilen eines altvertrauten Lieds sein können. Mit ihm zusammen zu sein, bedeutet, daß alles wieder lebendig wird, was man damals im Zusammenhang mit ihm erlebt hat. Im allgemeinen dient ein solches Wieder-Auftauchen entweder dem Zweck, Sie darauf aufmerksam zu machen, daß sich derzeit in Ihrem Leben etwas abspielt, ds dem ziemlich gleicht, was Sie seinerzeit durchgemacht haben. Achten Sie also genau auf die emotionalen Untertöne. Oder es dient dem Zweck, Ihnen zu Bewußtsein zu bringen, daß Sie derzeit eine bestimmte Qualität suchen, die damals in Ihrem Leben vorhanden war. Unsere Träume erschließen uns immer Erfahrungen, die wir brauchen, um uns ausgeglichen zu fühlen. Wenn Sie zum Beispiel derzeit keine spielerischen, lebhaften Freunde haben, kann es sein, daß Ihnen eine derartige Beziehung im Traum kommt. Das reichert dann Ihren Geist ganz ähnlich an, wie wenn Sie diese Erfahrung in Ihrem wachen Leben gemacht hätten.

42. Ein nahestehender Mensch stirbt

Nichts erschreckt mehr, als die Möglichkeit, ein Kind oder einen Menschen, der einem besonders nahesteht, zu verlieren. Träume, in denen der Tod eines geliebten Menschen beschrieben wird, gehören zu den verwirrendsten und einprägsamsten von allen. Selbst Jahre nach einem solchen Traum haben mich Leute, die aus ganz anderen Gründen zu mir gekommen sind, immer noch nach dem Sinn dieser Traumbilder vom Sterben gefragt.

Es ist wichtig, festzuhalten, daß sich in jedem dieser Fälle die Person, die im Traum „gestorben" war, noch bester Gesundheit und Vitalität erfreute. Geht man diesen Träumen auf den Grund, ist es gut, sich an die drei Bedeutungsebenen zu erinnern, die unsere Träume ansprechen können:

1. die buchstäbliche
2. die symbolische/psychologische
3. die psycho-spirituelle

Schwebt der Ihnen nahestehende Mensch in keiner sichtlichen Gefahr, sondern schickt sich vielleicht gerade an, zum Studium in eine entfernte Universitätsstadt auszuziehen, können Sie damit rechnen, daß Ihr Traum das „Sterben" eines Lebensabschnitts bzw. den Übergang zu etwas Neuem anzeigt. Es ist nicht ungewöhnlich, daß eine Mutter kurz vor der Hochzeit ihrer Tochter davon träumt, daß diese stirbt. Das ist dann durchaus keine Aussage darüber, was sie von der Ehe hält, sondern eine höchst private Möglichkeit, sich von derjenigen Person zu verabschieden und sie zu beweinen, die die Tochter *nie mehr sein wird*. Fragen Sie sich also, welche Umstellungen im Ihrem Leben anstehen oder sich vollziehen, die Sie als eine Art Verlust oder „kleinen Tod" erleben; dann werden Sie unschwer feststellen, daß diese „Tode" gleichzeitig auch symbolisch für Neuanfänge stehen.

43. Verstorbene erscheinen im Traum

Unser Unterbewußtes verwendet die Bilder von Toten auf zweifache Weise. Erstens kann es das Bild eines toten Bekannten heraufbeschwören, der eine Eigenschaft Ihrer selbst bezeichnet, oder eine *Rolle* in Ihrem Leben, die gerade „stirbt". Eine Frau, deren Kinder gerade zum Studieren fortgezogen, also von daheim weg sind, träumt vielleicht von ihrer eigenen *toten Mutter*. Im Wesentlichen bedeutet das, daß ihre „Mutter"-Rolle tot oder vorbei ist. Um genauer zu bestimmen, ob das zutrifft, fragen Sie sich, welche Eigenschaft der betreffende Verstorbene für Sie verkörpert, und ob diese Eigenschaft in Ihrer eigenen Persönlichkeit noch „lebendig" ist.

Zweitens kann das Bild eines Verstorbenen im Zusammenhang mit einem Verhalten in der Vergangenheit stehen, von dem sich der/die Träumende noch nicht gelöst hat. Oft hängen wir unbewußt noch an Verstorbenen, die uns besonders nahegestanden haben, an gestorbenen Haustieren, oder auch an früheren Einstellungen oder an Groll von früher. Überprüfen Sie also genau Handlung und gefühlsmäßige Schwingungen des Traums, und dann überlegen Sie, ob die beschriebenen Vorgänge etwas Aktuelles in Ihrem Leben darstellen, das Sie vielleicht besser ein für alle Mal bereinigen sollten.

44. Träume von berühmten Leuten

Es kann höchst vergnüglich sein, den Abend mit einer berühmten Persönlichkeit zu verbringen. Wenn man von einer solchen träumt, gibt es dafür zwei Erklärungen. Zum einen kann die Berühmtheit entweder für jemanden mit ähnlichen Eigenschaften in Ihrem wachen Leben stehen, oder sie verkörpert einen Aspekt Ihrer eigenen Persönlichkeit, der entsprechende Züge trägt. Beschreiben Sie also die Eigenschaften der Berühmtheit und fragen Sie sich: „Gibt es jemanden in meinem Leben oder ein Stück meiner selbst, der/das mich daran erinnert?" Das erste, was Ihnen dabei spontan kommt, ist gewöhnlich das Zutreffende.

Wenn es sich um Ähnlichkeiten zu einem Zug in Ihnen selbst handelt, genieren Sie sich nicht, das wahrzuhaben. Ist die berühmte Persönlichkeit jemand, den Sie sehr bewundern, so kann das ein bißchen schwierig werden. Die übliche Reaktion meiner Schüler ist, daß es zwar tatsächlich einige Ähnlichkeiten gibt, aber daß die Berühmtheit das natürlich bei weitem übersteigt. Vergessen Sie also nicht, daß Träume immer übertreiben und übersteigern, um etwas deutlich zu machen. Bei Ihrer Berühmtheit kann es sich tatsächlich um die starke Übersteigerung einer Eigenschaft Ihrer selbst handeln; Sie sollten deshalb jedoch nicht die Entsprechung ganz leugnen. Das Auftauchen der Berühmtheit könnte ein Hinweis darauf sein, daß Sie diese Eigenschaft in sich selbst besser zulassen und vielleicht deutlicher „ins Rampenlicht stellen" sollten.

Zum andern können solche Träume die Empfehlung darstellen, in Ihre gegenwärtige Situation ein bestimmtes Element deutlicher einzubringen. Wenn Sie träumen, wie ein bekannter Kabarettist auftritt und auf seine spaßige Art Ihren Chef fertig macht, könnte das bedeuten, Sie sollten sich ein Herz fassen und auch einmal ein klares Wort mit Ihrem Chef reden. Oder wenn Sie träumen, daß ein Kinoheld auftritt und Sie verteidigt, sollten Sie vielleicht daran denken, öfter einmal eine Lippe zu ihrer eigenen Verteidigung zu riskieren. Versuchen Sie sich diese Deutungen im Geist vorzustellen und dann zu spüren, ob sie passen. Überstürzen Sie dabei nichts und tun Sie nichts Halsbrecherisches, sondern überlegen Sie in aller Ruhe, ob es für Sie hilfreich wäre, bestimmte Verhaltens- oder Reaktionsweisen, die Ihnen Ihr Traum-Held vorgemacht hat, in Ihrer gegenwärtigen Situation zu aktivieren. Wenn Sie Ihrem üblichen Verhalten irgendeinen bislang unüblichen Zug beifügen, kann das so ähnlich sein, wie wenn Sie Ihr Lieblingsrezept mit einem zusätzlichen Gewürz anreichern: plötzlich bekommt das viel mehr Biß.

45. Die Polizei kommt

Träume von der Polizei können auf Ihr grundsätzliches Verhältnis zur Autorität anspielen. Die Polizei verkörpert die Instanz, die uns schützen soll, aber sehr oft ist sie auch die Autorität, die uns beibringt, daß „etwas nicht in Ordnung" ist. Wenn Sie träumen, daß Sie von der Polizei kontrolliert werden, plagt Sie vielleicht die Angst, der Steuerprüfer könne kommen, oder Ihr Vater besuche Sie, oder sonst jemand, der für Sie Autorität verkörpert, nehme Sie unter die Lupe.

Träume, verhört zu werden, werden oft durch Spannungen ausgelöst, die von aktuellen Fragen im wachen Leben stammen. Vielleicht fühlt sich der Träumende von jemandem allzusehr in Frage gestellt, oder jemand drängt sich zu sehr in sein Privatleben ein, so daß ihm unwohl zumute ist. Derjenige, der den Träumenden in seinem wirklichen Leben in Frage stellt, wird vermutlich irgendeine Autoritätsperson sein, etwa der Ehepartner, der Arbeitgeber oder irgendein Beamter.

Ist die Autoritätsfigur im Traum die *Polizei*, so sehen Sie sich in Ihrem wachen Leben um, wer darin in der Lage ist, Ihnen verhörähnliche Fragen zu stellen und Sie einzuschüchtern, selbst wenn Sie sich nicht durch irgendein Fehlverhalten schuldig gemacht haben. Manchmal stellt sich bei solchen Traumszenen das Gefühl ein, daß der Träumende tatsächlich etwas zu verbergen hat, und er kann auf eine tatsächliche Heimlichkeit aufmerksam gemacht werden; aber meistens ist das nicht *das*, was die Polizei im Traum sucht.

Das ist so ähnlich, wie wenn ein Jugendlicher heimlich eine Zigarette raucht und sie schnell ausdrückt, wenn seine Eltern auftauchen, die ihn dabei erwischen wollen, wie er mit einer Freundin schmust. Beim sich anschließenden Verhör fühlt sich der Bursche unter Druck und erwischt, und seine Eltern haben das Gefühl, man könne ihm tatsächlich nicht über den Weg trauen, obwohl sie ihn überhaupt nicht beim zur Debatte stehenden Fehlverhalten erwischt haben.

Wenn Sie einen Traum dieser Art haben, fragen Sie sich, ob Sie in einer derzeitigen Beziehung, sei es eine Liebesbeziehung oder ein Arbeitsverhältnis, gerade die Art „Verhör-Verheimlichungs"-Szene durchspielen, die Sie mit Ihren Eltern erlebt haben. Solche Träume können darauf aufmerksam machen, daß bestimmte Spannungen in Ihrem wachen Leben daher kommen, daß Sie unbewußt jemanden die „Eltern"-Rolle spielen lassen, gegen die Sie aufbegehrt und mit der Sie Versteck gespielt haben.

46. Alter Mann, alte Frau

Es gibt drei allgemeine Gründe dafür, daß im Traum ein alter Mensch auftaucht. Der erste Grund ist, daß der Traum ein Thema behandelt, das psychologisch gesehen eine „alte Geschichte" ist. Eine Frau, die sich mit ihren sexuellen Verklemmungen auseinandersetzt, träumt zum Beispiel vielleicht davon, wie ein alter Mann oder eine alte Frau zu ihr sagt, Sex sei etwas Schmutziges. Diese Überzeugung, die sie schon in ihrer Kindheit verinnerlicht hat, könnte der Grund ihrer Verklemmung sein. Der Traum führt vor Augen, wie altmodisch diese Vorstellung ist, indem er diese Aussage einem alten Menschen in den Mund legt. Sooft der/die Träumende also mit „altem Material" an Überzeugungen, Ängsten und Prägungen aus Kindheitstagen zu tun hat, werden sie im Traum wahrscheinlich von einem alten Menschen verkörpert.

Ein zweiter allgemeiner Grund dafür, daß in Träumen alte Männer oder alte Frauen auftauchen, kann darin bestehen, daß der Träumende seinen Lebensweg überdenkt und ihm vor Augen gehalten wird, wo er mit achtzig Jahren stehen (und wie er sich fühlen) wird, wenn er so weitermacht wie bisher. Steckt dieser zweite Sinn hinter dem Traum, so wird der alte Mensch normalerweise von selben Geschlecht wie der Träumende sein, und der Träumende wird selbst spüren, daß diese Gestalt ihn selbst in fortgeschrittenem Alter darstellt.

Die dritte Möglichkeit tritt seltener auf, ist aber trotzdem weithin bekannt. Es handelt sich um den Traum, in dem ein unbekannter gütiger alter Mensch, oft eine alte Frau, als Ratgeber und Führer auftritt. Diese Art Traum wird als Erinnerung daran betrachtet, daß man in seinem Inneren nach gesundem Menschenverstand und zeitloser Weisheit fragen soll. Da die meisten Menschen in der heutigen Gesellschaft ständig zu wenig Zeit und Aufmerksamkeit haben, kann eine Ermahnung seitens des Unterbewußten, in seinem Inneren nach Antworten zu suchen, in vielen Fällen sehr heilsam sein.

E. Träume vom Kindsein und von Kindern

47. Schwanger sein

Wenn Sie darauf hoffen, schwanger zu werden, kann der Traum, schwanger zu sein, eine Art Probelauf dafür sein, wie man sich als Schwangere fühlt, oder es könnte sein, daß Ihr Leib-Geist-System noch vor Ihrem bewußten Geist die Schwangerschaft entdeckt hat. Sind Sie in einem Alter oder einer Stellung, wo das Schwangerwerden ausgeschlossen ist, dann ist ein Traum von Schwangersein wahrscheinlich ein Hinweis darauf, daß Sie psychisch mit etwas „schwanger gehen" und etwas „austragen". Sie tragen also irgendeine Art neues Leben in sich. Das kann die Idee für ein Buch oder ein Projekt sein, oder der Ansatz zu einem neuen Lebensstil. Für Frauen, die sich irgendeiner Übergangszeit nähern, ist es durchaus normal, sich im Traum als schwanger zu erfahren. Manchmal hat das mit dem „neuen Selbst" zu tun, das bald das Licht der Welt erblicken wird. Wenn Sie sich ernsthaft mit dem Gedanken an eine spürbare Veränderung befassen, etwa, daß Sie wieder zur Schule gehen, sich scheiden lassen, in eine andere Stadt ziehen oder Ihren Beruf wechseln, liegt es nahe, daß Sie vom Schwangersein träumen. Wir alle wissen, daß die Veränderungen, die wir treffen müssen, sich nicht immer wie etwas Selbstgewähltes darbieten. Manchmal sieht es eher so aus, als wähle die Veränderung uns. Wenn Sie an einen Umzug denken, aber sich noch nicht bewußt dafür entschieden haben, wählt vielleicht Ihr Traummacher einen Schwangerschafts-Traum, um Ihnen symbolisch vor Augen zu führen, daß eine natürliche Kraft sich mittels Ihrer bemerkbar machen möchte. Mit der Schwangerschaft ist ein Gefühl der Unvermeidlichkeit und Endgültigkeit verbunden, sowie das Gefühl, das Leben lasse sich nicht unterdrücken. Bis dahin konnten Sie vielleicht Ihre Potentiale und Ihr Weitergewachsensein leugnen, aber jetzt sehen Sie sich plötzlich Maßnahmen ergreifen, die Sie überraschen und froh machen, ganz gleich, ob Sie sich schon dafür bereit fühlen oder nicht.

48. Ein Kind zur Welt bringen

Interessanterweise träumen auch Männer gelegentlich davon, daß sie ein Kind zur Welt bringen, denn symbolisch bedeutet das, etwas Neues in die Welt zu setzen. Dazu gehört der Gedanke, daß der Träumende für dieses Neue verantwortlich ist, und daß damit oft eine Art „Wehen" verbunden sind. Als ich an meiner Doktorarbeit schrieb, träumte ich davon, daß ich ein Buch gebar und mir Papier aus dem Schoß zog. Alle mit dem Geburtsvorgang verbundenen Assoziationen spielen hier herein. „Mühevoll, aber es lohnt sich" (wie meine Mutter versichert). „Oft sehr schmerzhaft. Manchmal hat man Angst."

„Ein unsagbares Geheimnis, Liebe, ein Wunder." „Ein ganz neues Leben, aus dem selben Stoff gemacht wie du selbst." Der Gedanke, ein neues Auto zu kaufen, würde nie einen Traum, etwas zu gebären, hervorrufen, denn das Auto ist nichts, was aus einem selbst stammt. Doch der Konstrukteur eines neuen Autos könnte durchaus einen Traum vom Gebären haben, denn die schöpferischen Ideen dazu kommen tief aus ihm selbst heraus.

Oft steht bei Geburtsträumen die Erfahrung „Wehen, Schmerzen" im Mittelpunkt. Das „neue Leben" kann darin bestehen, nach jahrelanger Ehe plötzlich wieder alleinstehend zu sein, oder ein Diplom zu erlangen, das den Anfang einer interessanten Karriere darstellt, oder auf eher innerliche Weise eine Art Übergangsritus durchzustehen.

Die Erfahrung des Gebärens kann derart schmerzvoll sein, daß die Mutter auf dem Höhepunkt der Wehen vergißt, wer sie selbst ist und worum es geht und nur noch einen Gedanken haben kann: die Schmerzen, und daß sie doch hoffentlich bald überstanden sind. Viele von uns erleben etwas Ähnliches, wenn sie mitten in der Krise einer Veränderung sind. Nachdem man eine Zeit lang mit einem bestimmten Vorhaben psychisch „schwanger" gewesen ist, kommt der Moment, wo es kein Zurück mehr gibt. Man kann nicht mehr umkehren und den Prozeß stoppen. Wir gebären sozusagen diesen neuen Lebensabschnitt, und das Leben selbst scheint das Kommando auf eine Art zu übernehmen, die uns völlig überfährt. Wie die in Wehen liegende Mutter können wir spüren, daß wir geradezu in Stücke gerissen werden von einer Kraft, die nichts als tödlicher Schmerz ist. Doch wie bei einer Mutter nimmt das jäh wieder eine gnädige Wendung, wenn die Geburt vorüber ist und wir erkennen, daß etwas wunderbar Neues zur Welt gekommen ist.

Geburtsträume kommen mit Vorliebe Menschen, die gerade mitten in der „Wehen-Phase" der Geburt eines neuen Lebens stecken. Diese Traumbilder können lebhaft vor Augen führen, daß das Gebären in einer bestimmten Phase nur noch reine Qual zu sein *scheint*, so daß wir ganz aus dem Auge verlieren, *worum es eigentlich geht*. Dann heißt es auf den Gesamtvorgang des Erscheinens eines neuen Lebens schauen, damit man sieht, daß das Leiden nur ein zeitlich begrenzter Teil des Prozesses ist.

49. Das vergessene Kind

Träume, ein Kind oder Baby vergessen zu haben, sind wie Träume von vernachlässigten Haustieren Spiegelung dessen, was ich „das verlassene Selbst" nennen möchte. Solche Träume spielen sich ungefähr so ab: Sie haben ein Kind, einen Säugling, oder mehrere Kinder, und Sie haben irgendwie glatt vergessen, daß es sie gibt. Sie haben sich nicht um sie gekümmert, ihnen nichts zu essen gegeben und sich in keiner Weise mit ihnen beschäftigt. (Vielleicht haben Sie sie sogar zur Adoption weggegeben.) Plötzlich kommt Ihnen, was Sie da getan haben, und Sie bekommen schreckliche Gewissensbisse, ja Horrorvorstellungen, daß Sie ein so geliebtes Wesen haben vergessen können. Sie wachen dann vielleicht ganz verstört auf, und den ganzen Tag läßt Sie ein Gefühl der Traurigkeit nicht los. Oder wenn Sie aufwachen, merken Sie, daß Sie im Schlaf geweint haben.

Schließen wir einmal aus, daß ein solcher Traum sich auf ein tatsächliches buchstäbliches Erlebnis dieser Art bezieht, so können wir damit rechnen, daß solche Träume Sie an Seiten Ihrer selbst (oder Ihres Lebens) erinnern, die Sie allzu lange übersehen, unterdrückt oder „vernachlässigt" haben. Der Säugling oder das Kind kann für ein Talent stehen, das Sie um weltlicher Interessen willen vernachlässigt haben. Oder es ist ein Teil Ihrer selbst, der nicht stark ausgeprägt und daher in der Welt besonders verletztlich ist. Etwas in Ihnen braucht Unterstützung und Zuwendung, ohne die es ziemlich hilflos ist. Schon diese Einsicht erlaubt oft, auszumachen, was mit diesem Kind in uns gemeint ist. Beschreiben Sie die Eigenschaften des Säuglings oder Kindes. Wie sieht es aus? Woran erinnert es Sie? Wie alt ist es? Ein noch unausgereiftes Projekt, das Sie haben liegen lassen, wird sich eher im Bild eines Säuglings bemerkbar machen, etwas, was Sie fünf Jahre lang entwickelt und dann beiseitegelegt haben, meldet sich eher als fünfjähriges Kind wieder. Sind es gleich mehrere Kinder – mehrere Seiten Ihrer selbst -, die Sie vernachlässigt haben? Kehrt der Traum oft wieder? Wenn ja, ist das ein Signal, daß es an der Zeit ist, diesen Teil Ihres Lebens wieder ins Haus zu holen.

Diese Träume sind besonders kostbar und bedeutungsschwer. Doch können sie auch verwirrend und beschämend sein. Schon manche frisch geschiedene Frau hat mir anvertraut, sie träume jetzt, daß sie endlich anfange, sich um ein Kind zu kümmern, von dem sie gar nicht gewußt hatte, daß sie es habe. Das Bild vom plötzlichen Entdecken vernachlässigter Kinder nach einer Scheidung ist nicht gerade angenehm. Wenn man dann allerdings erkennt, daß man endlich die Freiheit errungen hat, sich um bestimmte vernachlässigte Seiten seines *Selbst* zu kümmern, ergibt das einen sehr tiefen Sinn und wird eher zum Vorboten des Weiterwachsens als der Trauer.

50. Kinderkleider

Kleider, aus denen man hinausgewachsen ist oder Baby- oder Kinderkleider sind oft ein Hinweis darauf, daß man aus irgendetwas hinausgewachsen ist und es besser ist, man legt es ab oder gibt es weg. Verwenden Sie alle anderen Begleitumstände des Traums dazu, Ihre Deutung genauer zu präzisieren. Wenn Sie alte, zu klein gewordene Kleider an Ihrem Arbeitsplatz finden, ist Ihre Arbeit vielleicht etwas, worüber Sie hinausgewachsen sind. Ebenso bedeutet der Traum, daß Ihnen Ihre Kleider daheim nicht mehr „passen", daß Sie wahrscheinlich über bestimmte Seiten Ihres bisherigen Privatlebens hinausgewachsen sind.

F. Träume ums Auto

51. Ihr eigenes Auto

Ihr Auto steht sehr oft für Ihre eigene Identität. Es kann ein Symbol für das Reisen sein oder für die Art, wie Sie sich durch die Welt bewegen. Am häufigsten jedoch bedeutet Ihr Auto Ihr berufliches Selbst oder den vorherrschenden Teil Ihrer bewußten Identität. Schwangere Frauen träumen öfter davon, plötzlich riesige, nur schwer manövrierbare Autos zu lenken. Ähnliches träumen auch Menschen, die sich zusätzliche Aufgaben aufgeladen haben, welche ihrem Unterbewußten gigantisch vorkommen. Wenn man in eine verantwortliche Stellung berufen wird, kann das zum Traum führen, man sitze am Steuer eines Busses voller Fahrgäste (die auf die Kunst des Fahrers vertrauen) und fühle sich äußerst unsicher, weil man sich mit der Schaltung noch nicht richtig auskennt. Während man sich mit Überlegungen abgibt, ob man seine bisherige Ausbildung weiter ausbauen oder einfach mit seinen derzeitigen Zeugnissen eine neue Stelle suchen soll, kann es sein, daß man träumt, man zuckle in einem Oldtimer dahin, während man ständig rechts und links von schnittigen neuen Wagen überholt wird. Das wäre natürlich seitens des Traummachers ein ziemlich eindeutiger Tip, sich lieber noch etwas weiterzubilden. Wenn man umgekehrt träumen würde, daß andere mit sündhaft teuren, modernsten Wagen über die Autobahn preschen, während man selbst sachte in seinem zuverlässigen guten alten Volvo dahingondelt, würde der Traum eher darauf hinweisen, daß man auf seine gewohnte solide Art auch ans Ziel komme.

52. Man fährt ein altes, klappriges Auto

Der Zustand des Wagens, den Sie in Ihrem Traum fahren, sagt Wichtiges über den derzeitigen Zustand Ihrer Selbstachtung aus. Autos stehen in enger Verbindung mit dem Status, der Fähigkeit, sich nach Belieben fortzubewegen und dem Stil, in dem man sich durchs Leben bewegt. Wenn man träumt, daß man ein viel klapprigeres Auto fährt, als man das in seinem wachen Leben tut, kann das bedeuten, daß man sich in irgendeiner Hinsicht klapprig fühlt oder in seinem Selbstwertgefühl angekratzt ist. Anlässse zu einem solchen Traum können eine Enttäuschung wirtschaftlicher Art, der Verlust einer Liebesbeziehung oder starke Zweifel über die eigenen Zukunftsperspektiven sein.

Wenn man im Traum mit öffentlichen Verkehrsmitteln oder mit dem Fahrrad unterwegs ist, lautet die Deutung ganz ähnlich. Ein verlotterter Bus oder ein Fahrrad mit eiernden Rädern können ebenfalls Zeichen für erschüttertes Selbstvertrauen oder sogar für das Gefühl sein, man sei vom richtigen Weg abgekommen.

53. Das Auto gerät außer Kontrolle

Männer haben oft den Traum, daß sie im Auto sitzen und ihnen der Wagen außer Kontrolle gerät, von der Straße abkommt, gegen einen Felsen rast oder die Klippen ins Meer hinunterstürzt. Damit wird ein Verlust an Kontrolle gespiegelt, aber spezifischer: der Verlust an Kontrolle über sein *Vehikel* durchs Leben; bei Männern ist dieses „Vehikel" gewöhnlich ihr Job oder ihre Karriere. Auf der ganzen Welt sind die Männer darauf getrimmt – und man erwartet es von ihnen –, daß sie sich angesichts von Herausforderungen einfach mehr Mühe geben und schneller arbeiten. Doch gelegentlich stößt dieses Rezept, „einfach noch eins draufzulegen", auf Grenzen seiner Wirksamkeit. Wir alle neigen dazu, uns vorwiegend auf unsere Stärken im Leben zu verlassen, so wie der alte Wildwestheld glaubt, sämtliche Probleme mit Hilfe seines Schießeisens aus der Welt schaffen zu können. Wenn ein Mann ganz stark unter dem Druck von Pflichten und Anforderungen steht und dann versucht, ihm entgegenzuwirken, indem er immer mehr Geschwindigkeit, Einsatz und Arbeit zulegt, träumt er vielleicht davon, daß sein Auto von der Straße abkommt. Dieser Traum könnte ein Fingerzeig dafür sein, daß diese Art, die Probleme zu lösen, durchaus nicht in seinem Interesse ist; es steckt also eine subtile Warnung darin. Wenn Sie diesen Traum öfter haben, überlegen Sie genau, auf welchem Gebiet Sie die Gänge etwas niedriger schalten oder etwas sanfter statt rigoroser vorgehen sollten.

54. Das Auto versagt

In Träumen, wo man erlebt, daß das eigene Auto versagt, daß man einen Unfall baut oder daß man es in die Werkstatt bringen muß, deutet dieses Symbol wahrscheinlich auf Ihren körperlichen Zustand. Eine Frau hat mir erzählt, sie habe geträumt, daß sie ihr Auto wegen eines Achsenbruchs in die Werkstatt bringen mußte; später habe ihr der Heilpraktiker gesagt, bei ihr seien Hüften und Becken leicht verkrümmt. Ein Mann, der eine für ihn zu schwere körperliche Arbeit leisten mußte, träumte davon, von seinem Auto seien schrecklich verbogene und verbeulte Stoßstangen weggestanden. Achten Sie besonders auf den Teil des Autos, der beschädigt wird oder aussetzt und versuchen Sie dann herauszufinden, ob es eine analoge Körperstelle bei Ihnen gibt, auf die Sie besser achten müßten.

55. Kein Parkplatz zu finden

Der Traum, daß man parken will, aber nirgends einen Parkplatz finden kann, stellt sich vermutlich dann ein, wenn man für sich selbst einen angemessenen Platz gesucht und nicht gefunden hat. Menschen, die in Berufstätigkeiten festsitzen, die sie nicht mögen, die aber auch nicht wissen, was sie wirklich wollen, haben oft einen Traum dieser Art. Dazu gehört das Gefühl, jedenfalls *etwas* tun zu müssen, genau wie man auf jeden Fall *irgendwo* parken muß, ob man nun einen richtigen Platz dafür findet oder nicht. Eine Abwandlung dieses Traums besteht darin, daß man versucht, zu seinem Auto zurückzukehren, aber es nicht mehr an dem schönen Platz findet, an dem man meint, es geparkt zu haben, sondern zu entdecken, daß es irgendwo auf der Straße oder in einer Drecklache steht. Das hängt oft mit der Enttäuschung über seine augenblickliche Arbeit oder berufliche Situation zusammen, die bei der Anstellung ganz gut ausgesehen hat, aber sich als viel schlechter als erwartet herausgestellt hat.

56. Auto verloren

Wenn Sie träumen, daß Sie Ihre Autoschlüssel verlegt haben oder Ihr Auto nicht mehr finden, sind Sie wahrscheinlich zur Zeit bezüglich Ihrer Identität ziemlich verunsichert und haben die Fähigkeit verloren, sich in Richtung eines angepeilten Ziels auf den Weg zu machen. Ein äußerst vielseitig talentierter Bekannter von mir träumt oft, daß er sein Auto irgendwo parkt und es dann nicht mehr finden kann. Oft schmiedet er irgendwelche Pläne, sich beruflich wesentlich zu verbessern, aber immer wieder zweifelt er dann an seinem eigenen Urteilsvermögen. Wahrscheinlich gerade weil er so ungeheuer vielseitig ist, findet er nie richtig das für ihn angemessene *berufliche Vehikel*. Auch wenn Sie in eine Situation verstrickt sind, die Sie völlig in Beschlag nimmt und zur Folge hat, daß Sie *nicht mehr Sie selbst sind*, können Sie davon träumen, daß Sie Ihr Auto verloren haben.

57. Sein eigenes Flugzeug fliegen

In der heutigen Zeit bleibt es nicht beim Auto, sondern auch der Traum, daß man sein eigenes Flugzeug fliegt, tritt immer öfter auf. Dieser Traum kombiniert Bilder des Erfolgs, der Unabhängigkeit und der Autonomie miteinander. „Sein eigener Pilot" zu sein hat gewissermaßen das alte Bild, am Steuer seines eigenen Schiffes zu stehen, abgelöst. Dieser Traum ist ein Zeichen zunehmenden Selbstvertrauens, der Erkenntnis seiner eigenen erfolgversprechenden Fähigkeiten und des Mutes, sein Leben ganz selbst in die Hand zu nehmen.

G. Träume von Tieren und Bäumen

58. Tiere ganz allgemein

Tiere stehen symbolisch für die Eigenschaften, die sie in den Augen des Träumenden verkörpern. Wenn Sie von einer Gans träumen, fragen Sie sich, welche Vorstellungen und Gefühle Sie mit Gänsen verbinden. Vielleicht erleben Sie dabei Ihre Überraschungen, und die Gefühle, die sich anhand des betreffenden Tiers regen, sind ganz wichtig. Ein mir bekannter Anwalt überraschte mich mit seiner Beschreibung, was für ihn ein Krokodil bedeute: es sei hinterhältig, aber in Wirklichkeit eben bei seinem Vorgehen höchst erfolgreich. Er bewundere eigentlich die Krokodile und habe das Gefühl, sie würden verkannt. Erraten Sie, wen das Krokodil für ihn verkörperte? Jenen Teil seiner selbst, der erfolgreich war, aber als gefährlich betrachtet und wegen seiner Kunst schief angeschaut wurde.

Haustiere stehen oft, aber nicht immer für die schmusige, zärtliche, naive Seite des Träumenden. Wenn Sie träumen, wie Ihnen plötzlich einfällt, daß Sie Ihren Hund oder Ihre Katze draußen in der Kälte gelassen oder daß Sie vergessen haben, sie zu füttern, bezieht sich das wahrscheinlich auf einen Teil Ihrer selbst, den Sie allzusehr vernachlässigt haben. Leute, die immer unter Zeitdruck ihre Karriere verfolgen, träumen häufig davon, daß sie vergessen haben, ihr Haustier spazierenzuführen. Das ist ein ziemlich eindeutiges Signal des Unterbewußten, daß man ein sehr starkes Bedürfnis hat, diesem Teil seiner selbst etwas mehr liebevolle Aufmerksamkeit zukommen zu lassen.

Träumen Sie von einem Fisch oder einem faszinierenden Säugetier, finden aber auf den ersten Blick keinerlei Entsprechung zu Ihrem wachen Leben, dann besteht die Möglichkeit, daß Ihnen der Traummacher eine von dem betreffenden Tier verkörperte Eigenschaft vor Augen hält, die Sie in Ihrem wachen Leben besser pflegen sollten. Die Kraft eines Grizzlybären, die jenseitige Weisheit eines Wals, die tänzelnde Frische eines Hengstfüllens stehen vielleicht auch Ihnen zur Verfügung, sind aber zur Zeit tief in Ihrem Inneren blockiert. Viele naive Traditionen glauben, daß jedem von uns ein bestimmtes Tier zugeordnet ist, das ausschließlich auf ihn paßt und ihm ganz besondere Kräfte erschließt. Traditionen der Kunst des Kriegstanzes verwenden in ähnlicher Weise die Metaphern bestimmter Tiereigenschaften (wie den Katzenschritt, den Kobrabiß), um Ausgeglichenheit, Mut, Geschwindigkeit und Kraft zu beschwören.

Wenn Sie das Tier genau beschreiben und keine Entsprechung zu Ihrem Leben im Wachzustand finden, dann versuchen Sie es mit folgender Fragestellung: Wie würde es sich auf Ihre augenblickliche Situation auswirken, wenn Sie die Eigenschaften annehmen würden, die das Tier besitzt, von dem

Sie geträumt haben? Wenn Sie etwa die Geduld und Ruhe und unbezweifelbare Kraft eines Elefanten an den Tag legen würden? Oder die entspannte, aber voll sprungbereite Haltung des Löwen?

59. Scheußliche Tiere

Häufig werden unangenehme Züge geliebter Menschen oder Mitarbeiter in Träumen als schreckliche oder scheußliche Tiere dargestellt. Wenn Sie zum Beispiel träumen, daß Sie mit einer Ratte schlafen, sehen Sie sich Ihren Partner wieder einmal gründlich an. Vor welchem Zug an ihm haben Sie sich gefürchtet? Oder wenn Sie keinen Partner haben: sind Sie im geschäftlichen Sinn „mit jemandem im Bett"? Klären Sie genau die Gefühle, die Sie mit dem betreffenden Tier verbinden, suchen Sie nach Wortspielen mit seinem Namen und überlegen Sie sich genau jede Möglichkeit, inwiefern es ein Stück Ihrer selbst darstellen könnte, das Ihnen Angst macht oder das Sie abstoßend finden.

60. Fische

Fische können in manchen Fällen für Spiritualität stehen. Der Träumende selbst ist am besten in der Lage, zu beurteilen, ob augenblicklich in seinem Leben spirituelle Fragen zur Diskussion stehen. Die christliche Tradition verwendet das Fischsymbol, aber auch viele Menschen, die sich nicht als Christen betrachten, träumen von der Anlieferung oder Ankunft eines Fisches, wenn sie eine neue Stufe spiritueller Gewißheit erreicht haben.

In manchen Fällen kann ein Schwarm von Fischen auch das Sperma symbolisieren. (Das Sperma gleicht unter dem Mikroskop ungefähr schwimmenden Fischlein.) Der übrige Traum hat dann vermutlich mit Elementen zu tun, die zu dieser Deutung passen, oder der Träumende sollte unschwer Elemente aus seinem wachen Leben erkennen.

In einem anderen Sinn stellt der Fisch eine natürliche wesentliche Lebensqualität dar. Manche Menschen, die ihre unterbewußten Inhalte genauer unter die Lupe nehmen wollen, träumen vielleicht davon, daß sie plötzlich die Fähigkeit erlangen, durch die zuvor undurchsichtige Oberfläche eines Sees zu schauen und darin Fische zu erblicken.

61. Insekten

Wenn man von Insekten träumt, ist das öfter eine Anspielung darauf, daß einen irgendetwas „juckt". Beziehen Sie wie immer den gesamten Verlauf der Traumhandlung mit in die Deutung ein. Wenn Sie von Ameisen träumen, die unermüdlich an einem Bau arbeiten, den dann Passanten fahrlässig zerstören, könnte es sein, daß Ihnen Ihre eigene Erfahrung mit einem gescheiterten Unternehmen vor Augen geführt wird.

62. Vampire

Tauchen im Traum Vampire auf, so könnte das ein Hinweis darauf sein, daß Sie eine Beziehung auffrißt oder Sie durch eine solche innerlich ausgehöhlt werden. Vampire sind beliebte Monster in den Träumen von Frauen, weil sie betörend wirken, eine hynotisierende Anziehungskraft besitzen und sich vom warmen Blut oder der *Lebenskraft* anderer ernähren. Wenn es in Ihrem Leben niemanden gibt, der die Züge eines Vampirs an sich hat, beschäftigt Sie vielleicht die Aussicht auf eine romantische oder intime Liebesbeziehung. Das kann tiefsitzende Ängste wecken, von Ihrem Liebesleben „aufgesogen" zu werden. Menschen, die dazu neigen, in Beziehungen „zu viel von sich selbst preiszugeben", träumen oft, daß sie mit Vampiren sexuell verkehren. Auf diese Weise könnte das Unbewußte den Träumenden davor warnen, nicht in die bekannte Falle zu gehen, sich völlig „aussaugen" zu lassen.

63. Bäume

Bäume sind gelegentlich das Symbol natürlicher Lebendigkeit. Ein einzelner Baum, der in Gefahr ist oder angeschlagen wird, spielt vermutlich darauf an, daß dem Träumenden ein Schaden oder eine Verletzung von der Art droht, die seine grundsätzliche Lebendigkeit beeinträchtigt.

Eine Traumsequenz, die in einem Wald spielt, könnte Themen behandeln, die die Vitalität und natürliche Individualität des Träumenden betreffen, oder der/die Betreffende hat vielleicht gehofft, etwas „Ruhe“ zu finden und ist stattdessen in Herausforderungen und Gefahren geraten.

Der Wald kann auch symbolisch dafür stehen, daß man seinen Weg durch ein Labyrinth sucht; dann kann es sich um eine Art Dschungel handeln, der voller anderer Lebewesen ist, die den Weg versperren und fast keine Orientierung ermöglichen. Wenn Sie träumen, daß Sie mühsam Ihren Weg durch einen Wald suchen, sehen Sie sich vielleicht derzeit einer Vielzahl von Ansprüchen ausgesetzt, die aus den unterschiedlichsten Erwartungen, Zwängen und Einschränkungen bestehen.

H. Träume von Elementen

64. Feuer

Feuer ist ein verzehrendes Element. Im Traum kann das Feuer Leidenschaft, Temperament, Erregung oder Destruktion darstellen; jedenfalls immer etwas, was im Leben des Träumenden rasch „auflodern“ kann.

Um die Eigenschaft, die das Feuer für Sie darstellt, genauer bestimmen zu können, achten Sie genau auf seinen Charakter und die Begleitumstände. Wut, Zorn oder destruktive sexuelle Gewohnheiten können als Feuer auftauchen, das unangenehm, angstmachend oder fehl am Platz wirkt.

Feuer, das in einer Feuerstelle brennt oder warm und wohltuend im Ofen brennt, könnte auf eine körperliche Leidenschaft hinweisen, die gesund und unproblematisch ist. Ein Haus, das ganz leer ist, in dem aber noch das Feuer im Kamin brennt, könnte andeuten, daß der Träumende vergessen hat, daß sein sexuelles Feuer noch nicht erloschen ist.

Wenn das Feuer bedrohlich und zerstörerisch wirkt, fragen Sie sich, welche Eigenschaft in Ihnen selbst oder in Ihrer augenblicklichen Situation verzehrend ist und unkontrollierbar ausufert. In welcher Hinsicht fühlen Sie sich innerlich „am Brennen"?

65. Etwas verbrennt

Tritt in einem Traum ein gewaltiges Feuer auf, so wünscht sich der Träumende vielleicht, daß eventuelle Krankheitssymptome an seinem Körper durch ärztliche Behandlung ausgemerzt werden. Es sind auch etliche Fälle überliefert, wo Menschen, die an Schilddrüsenwucherung, Krebs oder anderen Krankheiten von buchstäblich „brennender" Qualität gelitten haben, deutliche Träume hatten, daß etwas verbrennt.

Ist die Möglichkeit, daß der Traum etwas mit gesundheitlichen Problemen zu tun hat, ausgeschlossen oder ist das offensichtlich nicht der Fall, sollten Sie überlegen, in welchem sonstigen Bereich Ihres Lebens etwas außer Kontrolle geraten ist oder hemmungslos an Ihnen frißt. Das Feuer vernichtet alles, was sich ihm in den Weg stellt und benützt es als Brennstoff, um sich selbst am Leben zu erhalten. Vielleicht läßt sich im wachen Leben des Träumenden irgendeine Komponente erkennen, die etwas Verzehrendes und Vernichtendes an sich hat und alles in ihrem Umkreis als Brennmaterial verwendet. Dies, zusammen mit der Reaktion oder dem Gefühl des Träumenden gegenüber dem Feuer, kann Schlüssel dafür liefern, welcher Umstand ihm im wachen Leben entspricht.

66. Wasser

Spielt in Ihrem Traum Wasser eine Rolle, so fragen Sie zuerst, ob das Wasser symbolisch für Gefühle steht. Das ist vor allem dann wahrscheinlich, wenn das Wasser plötzlich völlig unvermittelt zu fließen und in der Traumsequenz aufzutauchen beginnt. Zu einem Traum, der am Meeresstrand spielt, gehört zum Beispiel logischerweise der Anblick des Ozeans. Aber wenn ein Traum in einem Auto spielt, in dem plötzlich *Wasser aufsteigt*, ist das höchst eigenartig.

Steigendes Wasser hat etwas Bedrohliches und Überwältigendes an sich, genau wie eine Flut von Gefühlen. Schon ein unerwarteter äußerer Umbruch oder ein Trauma sind schwer genug zu verkraften; wenn man dann unter diesen Umständen auch noch merkt, daß man den Boden unter den Füßen verliert, steigert das die Unerträglichkeit, und das ursprüngliche Trauma wird noch schrecklicher. Wer etwas derartiges erlebt, versucht vielleicht tagsüber, mit viel Willenskraft und Verstand seine Fassung zu bewahren, aber desto eher suchen sich dann die Ängste und Qualen im Traum ihr Ventil.

Ein Wasserfall, ein tosender Fluß, ein Wolkenbruch vom Himmel, eine Überschwemmung oder andere Formen plötzlichen Auftauchens von großen Wassermengen symbolisieren eine Flut von Emotionen, die den Träumenden zu überschwemmen droht. Diese Träume lassen sich oft leicht verstehen, weil sie meistens auf das Erlebnis emotionaler Traumata, tiefer Traurigkeit oder Trauer folgen.

Derartige Gefühlsausbrüche wirken infolge ihrer Plötzlichkeit bedrohlich; weil sie unerwartet eintreten, sind sie zu überwältigend, als daß man mit ihnen auf die übliche Weise umgehen könnte. Auf einen leichten Regen oder eine kleine Erregung kann man sich einstellen, ohne seine Grundeinstellung zu ändern oder sich aus der Ruhe bringen zu lassen. Eine Wasserflut dagegen wird als Unglück betrachtet und erfordert Rettungsmaßnahmen. Oft träumen Menschen von Wasserfluten, wenn sie eine Scheidung durchleben, von einem lieben Menschen getrennt werden oder eine Erfahrung durchmachen, die ein großes Maß an ungeweinten Tränen mit sich bringt.

Hat der Träumende ganz und gar nicht das Gefühl, von Emotionen überflutet zu werden, so könnte es sein, daß sein Unterbewußtes dieses überstarke Gefühl bei einem Partner, Geliebten oder Familienmitglied empfunden hat. Erhält man einen solchen Hinweis auf nicht ausgedrückte Gefühle, so kann das ungemein hilfreich sein, um eine bessere Kommunikation zu ermöglichen oder Überreaktionen und irrationales Verhalten zu verstehen.

Manche glauben, das Wasser stelle in den Träumen die universale Weisheit oder das universale Wissen dar. Ich allerdings habe noch nicht viel Entsprechungen dazu gefunden; in den meisten Traumszenarien ergibt das schlichtweg keinen Sinn. Wenn Sie jedoch glauben, daß das Wasser in Ihrem Traum wesentlich mehr bedeutet als nur Emotion, so verfolgen Sie diese Annahme und sehen Sie zu, wohin sie Sie führt. Vielleicht will Sie Ihr Traum auf das Bedürfnis nach mehr Fluß oder Wendigkeit hinweisen, oder auf eine flüssige Eigenschaft in Ihrem Leben. Versuchen Sie, möglichst genau die Eigenschaften des Wassers, von dem Sie träumen, festzuhalten, indem Sie sie beschreiben, und dann versuchen Sie von da aus Entsprechungen in Ihrer wachen Lebenssituation oder in Ihrem eigenen Charakter zu finden.

I. Farben

67. Farben allgemein

Selbst wer kaum einmal einen ganzen Traum in einer einzigen Farbe träumt, kann sich an bestimmte Orte, Menschen oder Dinge erinnern, die sich dem Gedächtnis infolge einer markanten Farbe besonders eingeprägt haben. Weil diese dramatischen Farbtupfer so lebhaft in der Erinnerung bleiben, gehören Farben zum häufigsten, wonach bei der Traumdeutung gefragt wird.

Traumszenen, die das Auftreten einer bestimmten Farbe besonders hervorheben, haben immer einen besonderen Sinn. Besonders bezeichnend ist eine Farbe dann, wenn sie in auffallendem Gegensatz zu dem steht, was man normalerweise erwarten würde.

Von jedem Gegenstand oder Menschentyp, der im Traum auftaucht, kann man annehmen, daß er einen bestimmten Sinn hat; die *Farbe*, die ein Gegenstand oder Mensch hat, bezeichnet die *emotionale Stimmung* oder die Einstellung des Träumenden zu dem betreffenden Bild. Wenn zum Beispiel eine Braut zur Hochzeit in einem leuchtend roten statt im traditionellen weißen Kleid erscheint, ist das recht ungewöhnlich. (Taucht eine Farbe auf, die sich auffallend vom normalerweise Üblichen unterscheidet, sollte der Träumende zunächst überlegen, ob er mit dieser bestimmten Farbe ganz persönliche

Assoziationen verknüpft.) Hat man genauer überlegt, welche persönlichen Assoziationen eine bestimmte Farbe bei einem selbst weckt und ist man auf nichts Besonderes gekommen, dann kann man nach allgemeineren Assoziationen suchen. Um für einen bestimmten Traum die richtige Assoziation zu finden, muß man einfach *testen, ob eine bestimmte Zuordnung paßt*. Man wendet also eine bestimmte Assoziation „versuchshalber" auf die Deutung des Traums an. *Eine zutreffende Assoziation ergibt im Rahmen der Gesamthandlung des Traums einen Sinn*. Eine unzutreffende Assoziation mutet fehl am Platz an und paßt nicht auf Stimmung und Verlauf des Traums.

Mit der Farbe Rot könnte man zum Beispiel die Assoziation „Warnlicht" verbinden. Wenn im Fall des knallroten Brautkleids auch der übrige Traum angstmachende Begleittöne hat oder wenn die Braut tatsächlich Angst vor der Eheschließung hatte, könnte das vermutlich der Sinn dieser Farbe sein. Aber das ist nur eine ganz allgemeine Deutung der Farbe Rot, und ihre Deutung sollte mit der Tendenz des ganzen übrigen Traums übereinstimmen.

Es folgen einige ganz allgemeine Grundregeln für die Deutung der wichtigsten Farben. Nehmen Sie sie nur als Ausgangspunkt, um die passendste Auslegung zu finden, in die die Gesamtkonzeption, der Verlauf und die Atmosphäre Ihres Traums mit einbezogen werden müssen. Wenn Sie vor allem die Grundstimmung des Traums fest im Auge behalten, können Sie am ehesten mit Erfolg die angemessene Assoziation für jedes auftauchende Symbol finden.

68. Grün

- Neid oder Eifersucht.
- Neusein – so wie alle Pflanzen neue grüne Sprossen treiben.
- Geld. Vor allem in den Vereinigten Staaten wird diese Farbe damit assoziiert, weil die Dollarnoten grün gedruckt sind. Grünes Geld läßt an Reichtum und an alles denken, was mit Geld zusammenhängt. Eine ähnliche Verallgemeinerung läßt sich wohl auf die Farbe jeder anderen Währung in einem ande-

ren Land anwenden (z. B. auf die „blauen Riesen" in Deutschland).

• Natur. Vor allem infolge des heutigen Anliegens, unsere natürlichen Reserven zu erhalten und zu einem einfacheren Lebensstil zurückzukehren, ist die Farbe Grün ein Synonym für einen „natürlicheren" und hoffentlich ganzheitlicheren Lebensstil geworden. Vgl. die Partei der „Grünen", der „Grüne Punkt", „Greenpeace" usw.

69. Blau

• Depression oder Traurigkeit. Jemand, der Blau trägt oder sich in einem blauen Raum aufhält, könnte Depression signalisieren.

• Einsamkeit, Alleinsein. Wenn riesige Räume oder leere Zimmer blau sind, will damit oft Alleinsein angedeutet werden.

• Quetschung oder Angeschlagensein. Ein „blauer Fleck" könnte eine emotionale „Quetschung" anzeigen, entstanden infolge Mißbrauchs, Mißhandlung oder ständiger Mißachtung.

• Befähigung zum Lehren oder Reden. Die Farbe Blau kommt oft in den Träumen in Verbindung mit Lehrern, Sprechern, Professoren und ähnlichen Rollen vor, in denen andere ihren Intellekt einsetzen, um etwas von sich zu geben. Wenn diese Verbindung im Rahmen des gesamten Traums und der Verfassung des Träumenden einen logischen Sinn ergibt, ist stark mit dieser Möglichkeit zu rechnen.

70. Rot

• Blut. Vor allem wenn Rot in *flüssiger* Form auftaucht – etwa, wenn der Keller mit rotem Wasser überflutet wird –, ist die Wahrscheinlichkeit dieser Assoziation ziemlich groß.

• Gefahr. Weithin wird die Farbe Rot als Signal zur Markierung von Gefahren verwendet.

• Leidenschaft. Viele assoziieren Rot mit sexueller Leidenschaft, und in verschiedenen Gegenden wurde Rot als Farbe der Kleidung oder des Schmuckes als frivol oder unziemlich betrachtet. Stellt Rot tatsächlich die Leidenschaft dar, so verbindet sich mit seinem Auftreten wahrscheinlich das Gefühl des Schocks oder der Erregung.

- Zorn. Es gibt den Ausdruck „Man sieht Rot", oder man wird „Rot vor Zorn". Wenn also Rot im Traum auftaucht, kann das einen tiefen Zorn des Träumenden widerspiegeln. Das kann besonders aufschlußreich sein, denn Zorn ist eines der Gefühle, das viele von uns gründlich zu verdrängen gelernt haben.

71. Gelb

- Feigheit. Wenn eine Figur im Traum in Gelb gekleidet ist und sich sehr ungeschickt verhält, könnte das eine Anregung vom Unterbewußten her sein, daß ein Schuß Mut wesentlich helfen würde.
- Sonnenschein, Wärme. Vor allem für Menschen, die in kalten Gegenden leben, ist das Bild der goldgelben Sonne ein willkommener Anblick, der die Lebensgeister weckt und die Gefühle befriedigt. Hat die gelbe Farbe im Traum einen Gold- oder Lichtschimmer, so ist das wahrscheinlich ein Element, auf das man besonders achten sollte.
- Begabung für Psychisches. Wenn die Begabung für intuitives Erkennen und psychische Einsichten zunimmt, kann der Betreffende Träume haben, in denen die Farbe Gelb vorwiegt. Diese Assoziation mit Gelb ist zwar seltener als die anderen, aber in manchen Fällen eröffnet sie wichtige Einsichten.

72. Orange

- Unbehagen. Da die Farbe Orange für Kleidung, Autos und Möbel weniger beliebt ist als andere Farben, ist es interessant, wenn sie in Träumen häufig auftaucht. Orange ist eine Farbe, bei der sich die Menschen eher leicht unbehaglich fühlen, und ihr Auftreten im Traum deutet darauf hin, daß dem Träumenden auch der Gegenstand, der diese Farbe trägt, unangenehm ist.
- Emotionen. Orange wird oft im Traum zur Bezeichnung eines Gegenstands verwendet, mit dem der Träumende beson-

ders starke Emotionen verbindet oder mit dem er sich irgendwie schwer tut.

73. Purpur

- Königlicher Rang. In bestimmten Kulturen war Purpur die Farbe der Könige. Viele Leute verbinden auch heute noch mit Purpur die vage Assoziation, daß das eine Farbe des Exklusiven, des Reichseins, des Königtums und des Adels sei.
- Schmerzhafte Beeinträchtigung. In den Träumen vieler, die körperlichen Mißbrauch erlitten haben, vor allem während ihrer Kindheit, taucht die Farbe Purpur relativ häufig auf. Um diese Assoziation genauer zu bestimmen, überlegen Sie, ob das Auftauchen einer Quetschung oder einer Wunde im Gesamtzusammenhang des Traums einen Sinn ergeben würde.
- Spirituelle Suche. Für viele, die spirituell oder menschlich in einem Wachstums- und Reifungsprozeß stecken, scheint die Farbe Purpur etwas geradezu Heiliges zu bedeuten. Vor allem wenn die Bilderwelt und die Gesamtkonzeption des Traums sehr magisch oder jenseitig wirken, kann dies eine starke Assoziation sein.

74. Weiß

- Reinheit. Die Farbe Weiß hat etwas Reines und Unverdorbenes an sich. Wenn sie in Gestalt einer Blume, einer Taube, einer schwebenden Wolke oder eines Lichtstrahls erscheint, ist wahrscheinlich diese Deutung am ehesten zutreffend.
- Etwas Spirituelles oder Heiliges. Viele haben Träume, in denen weißes Licht erscheint, oder es treten Traumfiguren auf, die in weißes Licht gehüllt sind. Zweifellos hat das mit spirituellen Überzeugungen des Träumenden zu tun, und das erst recht, wenn die Farbe Weiß *Lichtcharakter* hat.
- Sauberkeit, Erneuerung. Wenn ein Gegenstand, der im wachen Leben eine ganz *andere* Farbe hat, im Traum als blütenweiß erscheint, durchlebt der Träumende wahrscheinlich einen Wandel seiner Einstellung zu diesem Gegenstand. Etwas kann in dem Sinn „ganz neu gemacht" werden, daß man ihm

gegenüber alle falschen Auffassungen, Ängste oder eingeschliffenen Gewohnheiten los wird.

75. Schwarz

- Angstmachend. Wenn Schwarz im Traum auftaucht, bezeichnet es gewöhnlich die unbekannten oder bedrohlichen Elemente im Leben des Träumenden. Befaßt sich jemand mit der Schattenseite einer Person, einer Beziehung oder einer kürzlich durchlebten Erfahrung, so kann das zur Folge haben, daß er ein entsprechendes „schwarzes Monster" im Traum erlebt. Ist ein Tier, ein Monster oder eine Person im Traum ganz schwarz, so ist es am besten, Sie suchen zunächst einmal nach einem angstmachenden Element in Ihrem wachen Leben.
- Der Schatten. Die schwarze Figur kann eine Seite der *persona* des Träumenden bedeuten, die der Schweizer Analytiker C.G. Jung als den „Schatten" bezeichnet hat, oder sie bezeichnet ein bedrohliches Element in Vergangenheit oder Gegenwart des Träumenden. Gelegentlich kann eine aktuelle Situation Ängste aus vergangenen Traumata, Bedrängnissen oder Unsicherheiten heraufbeschwören. Ist das der Fall, so kann eine schwarze Gestalt oder ein schwarzes Tier entweder die gegenwärtige Quelle der Bedrohung, wie man sie subjektiv ortet, bezeichnen, oder das zugrundeliegende Angstmuster, das immer noch im Träumenden seine psychologische Wirkung entfaltet.
- Das Unbekannte. Schwarze *Gegenstände*: eine „black box" (schwarze Schachtel) oder ein schwarzes Auto bezeichnen ein unbekanntes und daher leicht angstmachendes Element.

K. Sonstiges

76. Schußwaffen

Seit langem betrachtet man Schußwaffen in Träumen als eindeutige Phallus-Symbole (die Läufe, das Kugelmagazin, das Abfeuern). Ergibt dieses Bild im Gesamtzusammenhang Ihres Traums einen Sinn, so spricht sehr vieles für diese Deutung.

Eine weitere offenkundige Beziehung besteht zwischen Schußwaffen und Gewaltanwendung oder Macht, die man ausübt, indem man über ein Potential an Drohmitteln verfügt.

77. Messer

Weil Messer oft als Waffen benützt werden, um jemanden zu bedrohen oder zu irgendetwas zu zwingen, können sie im Traum dann auftauchen, wenn sich jemand im wachen Leben bedroht fühlt. Von Messern oder Rasierklingen kann man ferner träumen, wenn man Angst vor Kritik oder „messerscharfen, schneidenden" Kommentaren hat. In Träumen von Frauen können Messer, mit denen Männer drohen, sexuelle Bedeutung haben. Nicht ungewöhnlich ist es, daß Opfer sexuellen Mißbrauchs davon träumen, wie sie von einem Mann mit einem Messer verfolgt werden.

78. Alter oder Zahlen

Zahlen in Träumen können einen sehr hilfreichen Hinweis auf einen bestimmten Sinn geben, und sie sind immer mit Bedacht ausgewählt. Wenn in Ihrem Traum ein fünfjähriges Kind herumtollt, handelt der Traum wahrscheinlich von etwas, das fünf Jahre alt ist. Vielleicht handelt es sich um Ihre Zeit auf einer Schule, um Ihren Job, den Sie gerade fünf Jahre haben, um Ihre Beziehung, die so lange dauert, oder um etwas, das Ihnen vor genau fünf Jahren passiert ist.

Wenn sich die Handlung Ihres Traums im zweiten Stock eines Hotels abspielt und Sie gerade im zweiten Jahr auf der Universität sind, spricht dieser Traum wahrscheinlich Ihr Studium an und will sagen, daß Sie sich auf der Universität noch wie ein „vorübergehender Gast" vorkommen. Welche Zahl auch immer deutlich in Ihrem Traum auftaucht: betrachten Sie sie als wichtigen Schlüssel für die Deutung. Wenn Sie sich ernsthaft darauf einlassen, werden Sie merken, daß diese Zahlen oft verblüffend exakt etwas in Ihrem wachen Leben bedeuten.

Kapitel 7

Außergewöhnliche Träume

Manche Träume muß man besonders aufmerksam betrachten und auswerten, denn sie haben etwas so Ungewöhnliches an sich, daß sie eine Kategorie für sich bilden. Beispiele dafür sind **ständig wiederkehrende Träume, thematische Träume und Träume über spirituelles Geführtwerden.**

Ständig wiederkehrende Träume sollte man sorgfältig untersuchen, denn sie wollen dem Träumenden dringend etwas bestimmtes Wichtiges sagen. Wenn sie oft wiederkehren, nehmen sie an Intensität zu, bis beim Träumenden endlich ihre Botschaft „rüberkommt" oder er eine entsprechende Veränderung in seinem wachen Leben vornimmt. Das war der Fall in meinen ständig wiederkehrenden Angstträumen, ermordet zu werden: sie hörten sofort auf, nachdem ich die Stelle, die für mich so „tödlich" gewesen war, gewechselt hatte.

Bei manchen wiederholt sich ein Traum über Jahre, aber nur hin und wieder. In solchen Fällen spielt der Traum gewöhnlich auf ein Thema an, das den Betreffenden all diese Jahre begleitet. Der Traum stellt sich dann deshalb gerade jetzt wieder ein, weil eben *jetzt* wieder etwas im Leben geschieht, das damit zu tun hat. Oft gewöhnt sich der Träumende derart an diesen Traum, daß er sich sagt: „Aha, das war jetzt wieder dieser Traum von der Falltür ins Bodenlose." Eine solche Gewöhnung kann einen allerdings für die Aussage des Traums blind machen. Immer wiederkehrende Träume sind Signale, *acht zu geben,* und nicht einfach Souvenirs aus der Vergangenheit.

Grundsätzlich bemüht man sich um die Deutung eines solchen Traums genauso wie bereits beschrieben: man sieht sich genau die Handlungs-Metaphern an, die übersteigerten Gefühle und die Symbole. Beschreiben Sie diese genau und suchen Sie dann Entsprechungen dafür in Ihrem Wachzustand. Der Träumende sollte sich dabei der zyklischen Natur dieser Traummuster bewußt sein: Im gegenwärtigen Leben ereignet sich etwas, das schon öfters vorher passiert ist, oder zumindest geschieht *psychologisch* das gleiche, was früher schon passiert ist. Wenn Sie zum Beispiel davon träumen, daß Ihre Eltern Sie zurechtweisen oder noch als Erwachsenen züchtigen, dann sind Sie psychologisch vielleicht immer noch mit Ihrem Prozeß der Abnabelung von Ihren Eltern beschäftigt.

Lassen Sie sich Zeit, um Ihre immer wiederkehrenden Träume genau zu verstehen, denn sie werden mit Absicht wiederholt, und gewöhnlich ist ihr Sinn sehr wichtig für Sie. Doch enthalten solche Träume nichts, wovor man sich fürchten sollte. Wiederkehrende Träume sind eine Art psychischer Balanceübung, die um Ihretwillen veranstaltet wird. Sie arbeiten immer zu Ihren Gunsten, und Sie sollten sie als Quelle wertvoller Einsichten nutzen. Wer jahrelang immer wieder denselben Traum gehabt hat, reagiert darauf vielleicht mit Überdruß, vor allem wenn der Traum unangenehm ist oder Angst macht. Im allgemeinen kann man sagen, daß der Sinn, den Sie entdekken, bestimmt nicht annähernd so angsterregend ist wie der Traum selbst.

Wiederkehrende Träume sind manchmal auch mit bestimmten Übergangszeiten im Leben verbunden. Kinder haben vielleicht bis in die Pubertät hinein immer wieder den gleichen Traum, oder bis sie das Abitur machen und von daheim wegziehen. Dann kommt er vielleicht plötzlich nie wieder. Manche haben während ihrer Studienzeit immer wieder einige gleiche Träume, und von der Diplomverleihung an hören sie plötzlich auf. Oder andere wiederkehrende Träume hängen bei Frauen mit einer frühen Eheschließung und dem Bekommen von Kindern zusammen. Andererseits kann der Beginn eines neuen Lebensabschnitts, etwa nach einer Scheidung oder während der Gründung eines neuen Geschäfts der Auftakt zu einem immer wiederkehrenden Traum sein, der etwas mit dieser neuen Lebensphase zu tun hat.

Befürchten Sie nicht, wiederkehrende Träume könnten anzeigen, daß mit Ihnen etwas nicht stimmt. Gewöhnlich deuten sie vielmehr darauf, was in ihrer derzeitigen *Lage* nicht stimmt.

Manche wiederkehrende Träume können zwar ihre Ursache in irgendeinem traumatischen Ereignis haben, wie dem Mißbrauchtwordensein als Kind oder einem Kriegserlebnis, aber grundsätzlich sollten wiederkehrende Träume nicht als Anzeichen „emotionaler Narben" oder „schockierender Geheimnisse" gedeutet werden. Gewöhnlich wird der Träumende unschwer die Assoziation zu einem Trauma finden, sofern ein solches als Problem im Raum steht. Der eigentliche Wert eines wiederkehrenden Traums jedoch liegt nicht darin, daß er etwas über die Vergangenheit als solche aussagt, sondern daß er bildhaft die Weise(n) vor Augen führt, wie Vergangenes womöglich in die Gegenwart hereinwirkt.

In Fällen, wo der wiederkehrende Traum düster, sexuell gefärbt oder gewalttätiger Natur ist, kann Ihre Besorgnis sich zerstreuen, wenn Sie sich um seine Deutung bemühen. (Suchen Sie dazu Unterstützung oder untersuchen Sie ihn so lange, bis Sie eine befriedigende Erklärung finden.) In den meisten Fällen ist die schockierende oder sogar krankmachende Qualität des Traums kein Zeichen für etwas Pathologisches oder dafür, daß mit dem Träumenden „etwas nicht stimmt", sondern es handelt sich um den Versuch, eine lange mißachtete Information zu Bewußtsein zu führen, indem sie wiederholt auf eine Weise dargeboten wird, die sich nicht bequem ignorieren läßt.

Vielleicht müssen Sie sich selbst in aller Form die Erlaubnis geben, sich auf Ihre Gefühle gründlich einzulassen und sie gleichzeitig zu analysieren. Viele von uns haben nämlich die merkwürdige Vorstellung, wir könnten nur entweder unseren Gefühlen freien Lauf lassen und von ihnen fortgeschwemmt werden, oder nur rational handeln, aber nie beides auf einmal. Wiederkehrende Träume, die sich einer leichten Erklärung entziehen, sind gewöhnlich ein Symptom dafür, daß in uns Vernunft und Gefühl allzusehr gespalten sind. Die Traumdeutung ist ein Bereich, in dem man starke Gefühle zulassen und auch noch „da sein" lassen muß, während man die Traumbilder mit akribischer Genauigkeit zerpflückt. Gehen Sie also davon aus, daß Sie das können und daß es Ihnen nicht schaden wird, und Sie werden mit Erfolg den Sinn finden, den Sie suchen.

Thematische Träume sind ganz ähnlich wie wiederkehrende Träume, nur daß es sich hier sozusagen um analoge Episoden aus unterschiedlichen Fernsehprogrammen handelt: Drehbuch und Handlung sind immer ungefähr gleich, aber Mitspieler und Umgebung können sich immer wieder ändern. Ihr Traummacher versucht in diesem Fall, Sie auf eine bestimmte Situation aufmerksam zu machen, indem er sie Ihnen in immer neuen Variationen vorspielt. Wenn thematische Träume Ihr Leben lang ohne große Unterbrechung immer wieder kommen, sind sie oft ein Anzeichen dafür, daß Sie in ganz unterschiedlichen Lagen immer wieder *eine ganz ähnliche Problematik* erleben. Vielleicht haben Sie einen ganz typischen, einheitlichen Stil, auf unterschiedlichste Situationen zu reagieren, und Ihr Traummacher versucht, Sie darauf aufmerksam zu machen. Wenn man zum Beispiel immer wieder davon träumt, daß man von jemand relativ harmlos beleidigt wird, daraufhin aber das Schwert zieht und ihn niedermacht, kann das vor Augen führen, daß man auf Kritik immer überreagiert und den Kritiker total „fertigmacht".

Es ist nicht ungewöhnlich, daß man während bestimmter Übergangszeiten im Leben thematische Träume entwickelt. Genau wie wiederkehrende Träume, hören sie gewöhnlich wieder auf, wenn der Übergang geschafft ist. Taucht der Traum Jahre später wieder auf, kann man seinen Sinn besser verstehen, wenn man sich die Übergangszeit in Erinnerung ruft, *während der er zum erstenmal aufgetreten ist*. Hier ein Traum, den ich als Kind häufig hatte:

Ich versuche, durch einen unterirdischen Gang aus einem Militär-Gefängnislager zu entkommen. Ich habe einen ausgezeichneten Tunnel gegraben und bin bereit zur Flucht. Ich glaube, daß ich getötet werde, wenn man mich erwischt, aber ich kann die Gefangenschaft nicht länger ertragen. Ich beschließe, so viele Leute wie möglich auf die Flucht mitzunehmen.

Als ich alt genug war, daheim auszuziehen und aufs College zu gehen, hörten diese Träume vom Gefangenenlager auf. Obwohl es bei uns daheim keine schlimmen Zustände gab und unser Familienleben in vieler Hinsicht sehr harmonisch und schön war, herrschte ein strenger Verhaltenskodex, den mein kreativer Geist als äußerst einengend empfand. Immer dann, wenn ich in späteren Jahren mich selbst zu stark verleugnete, um mich den Erwartungen anderer anzupassen, sei es bei der Arbeit oder in Beziehungen, kam mir wieder dieser Traum von der Flucht durch den unterirdischen Gang aus dem Lager. Die genaue Untersuchung dieser Träume und der Zeit, zu der sie erstmals in meinem Leben aufgetreten waren, halfen mir, deutlich zu erkennen, daß ein lebensnotwendiger Teil meiner selbst unter die Räder kommt, wenn ich mein ureigenes Selbst „einsperre".

Wie es bei wiederkehrenden Träumen der Fall ist, können sich auch die Überreste eines traumatischen Ereignisses das ganze Leben hindurch immer wieder in irgendeiner Form als Angstträume melden. Dabei lohnt es sich wieder, zu beachten, daß die Themen der Träume sich auf etwas beziehen, was sich wieder auf die gleiche Weise im wachen Leben abspielt. Außerdem ist die Erkenntnis wichtig, daß Vorfälle, die objektiv gar nicht angstmachend waren, sich trotzdem in der subjektiven Erfahrung als niederschmetternd äußern können.

Vielen von uns sind unsere frühesten Anlässe zum Zweifel an unserem Selbstwert gewissermaßen emotional als Grundmuster eingeprägt worden. Waren die Umstände, die zum ersten Mal diese Zweifel hervorgerufen haben, sexueller Natur, dann neigt das Unterbewußte wahrscheinlich dazu, *jegliches* Gefühl der Beeinträchtigung oder Zurückstellung im Traum mittels einer sexuell gefärbten Bilderwelt zu registrieren. Waren diese Umstände eher gewalttätiger oder lähmender Natur, dann erfindet das Unterbewußte wahrscheinlich eher Bilder von Kampfszenen oder vorzeitigen Beerdigungen.

Eine Frau beklagte sich bei mir darüber, daß sie auch Jahrzehnte nach dem Abbruch einer Abhängigkeitsbeziehung mit einem Ehemann, der sie mißbraucht hatte, immer noch periodisch von Träumen über ihn geplagt wurde. Sie fragte mich offen, ob das bedeute, daß sie auch nach all diesen Jahren immer noch an ihm „hänge“. Ich erklärte ihr, das sei nur eine von mehreren Erklärungsmöglichkeiten. Wir betrachteten jedoch ihren persönlichen Lebensstil während dieser Beziehung genauer. Wie hatte damals das Leben für sie ausgesehen? Sie gestand mir, daß sie zu der Zeit von Selbstzweifeln und Unsicherheit geschüttelt worden und zu allen möglichen Kompromissen bereit gewesen sei, nur um diese Beziehung einigermaßen erträglich zu machen. Sie bezeichnete das als „schreckliche gegenseitige Abhängigkeit“. Ich riet ihr, sich genauer zu überlegen, ob das Symbol ihres Ex-Ehemanns nicht eine Traum-Kurzformel für einen Gesamtkomplex von Verhaltensweisen und Kompromissen sein könnte, der während dieser Ehe bestanden habe. Vielleicht komme ihr ihr Ehemann immer dann im Traum, wenn sie sich in aktuellen Situationen wieder ähnlich verhalte. Könnte es nicht sein, daß sie immer dann wieder von ihrem Ex-Ehemann träumte, wenn sie sich irgendwo allzusehr zurücknahm, verleugnete und faule Kompromisse einging? Sie bestätigte mir, daß das tatsächlich genau zutreffe. So konnte sie von diesem „Signal“ seitens ihres Traummachers etwas Wichtiges lernen und war über die Erkenntnis erleichtert, daß das mit ihrem Ex-Ehemann direkt überhaupt nichts mehr zu tun hatte.

Manchmal bringen solche thematischen Träume auch die subjektive Erfahrung einer Situation aufs Tapet, die man im Wachzustand meint verleugnen zu müssen. Hier ist der Traum von Ellen, einer Mitstudentin in Psychologie, die unsere Anfängerübungen in Therapie als starke emotionale Herausforderung erlebte. Sie hatte viele Träume dieser Art, und zwar mindestens einmal in der Woche, nachdem sie ihre Ausbildung zur Therapeutin begonnen hatte.

Ich schwimme in Wasser, das sehr schmutzig ist. Auf seiner Oberfläche schwimmt eine dicke Schlammschicht. An manchen Stellen bildet das Wasser eine solide Kruste, und ich muß heraussteigen und über diese stinkende Kruste gehen. Mir ist es zuwider, erneut in dieses Wasser zu steigen. Ich blicke an mir selbst herunter und sehe, daß ich ganz verdreckt bin. Aber ich muß noch einen weiten Weg zurückle-

gen. Das Wasser breitet sich vor mir aus, und erst in weiter Ferne ist das Land in Sicht. Ich will eigentlich gar nicht wieder hinein, aber es ist zu spät, ich bin schon mitten drin. Mir kommt das alles sehr bekannt vor.

Ellen hatte diesen Traum oft während ihres ersten Ausbildungsjahrs. Doch danach begann sie zu träumen, daß sie in klarem und angenehmem Wasser schwimme. Manchmal konnte sie recht gut schwimmen, ein anderes Mal hatte sie Angst vor dem Wasser, aber insgesamt war das Wasser nicht mehr verschmutzt und ranzig. Ellen hatte genau wie viele andere von uns Psychologiestudenten unter der Tendenz gelitten, sich ständig selbst zu diagnostizieren und an jedem ihrer Gedanken und Gefühle etwas Faules zu finden. Sie tat sich mit den starken Emotionen schwer, die sie während der Übungen überkamen und machte sich dann Vorwürfe wegen ihres Mangels an Kompetenz. Das Ergebnis war, daß sie schließlich zu dem Schluß kam, an ihr sei alles faul, „genau wie es im Buch stand". *Sie sah, daß sie völlig verschmutzt war.* Zu ihrem Hang zu überstarker Selbstkritik kam hinzu, daß sich Emotionen, die lange „stark verkrustet" gewesen waren, infolge ihrer Studien zu lösen begannen. Während dieses ersten harten Jahres bedauerte sie es lebhaft, sich auf das lange Psychologiestudium eingelassen zu haben, aber sie war nun einmal schon *„mitten drin"*. Daß ihr das *alles sehr bekannt* vorkommt, ist bei thematischen Träumen oft der Fall. Weil diese Themen sich auf etwas beziehen, was sich tatsächlich gerade in unserem Wachzustand abspielt, geben sie dem Träumenden oft das Gefühl, damit habe er doch schon einmal zu tun gehabt, oder sogar: „Das tue ich doch die ganze Zeit."

Träume über spirituelles Geführtwerden

Im Lauf des letzten Jahrzehnts habe ich zunehmend entdeckt, daß Träume auch Bereiche einbeziehen, in denen es um spirituelle Inhalte geht. Das überrascht eigentlich kaum, denn philosophische und spirituelle Fragen gehören zum Leben. Zu Anfang meiner Ausbildung war ich höchst skeptisch gegen vorschnelle transpersonale oder esoterische Deutungen von

Träumen; ich hatte immer den Verdacht, sie stützten sich ja doch vorwiegend auf Informationen aus dem Tagesbewußtsein. Doch meine eigene Erfahrung und auch meine Arbeit mit anderen veranlaßt mich, die folgenden Empfehlungen zu formulieren.

Vertrauen Sie auf sich selbst, vertrauen Sie auf Ihre Erfahrung, und halten Sie sich offen, auch Unbekanntes zu erkunden.

Gegenwärtig ist unser Verständnis der Fähigkeiten des menschlichen Gehirns und Geistes beträchtlichen Veränderungen unterworfen. Erfahrungen paranormaler und psychischer Phänomene werden derart weitgestreut registriert, daß die meisten Menschen intuitiv der Überzeugung sind, es gebe solche Dinge wirklich, selbst wenn unsere derzeitigen wissenschaftlichen Raster noch zu grob sind, um die dabei wirkenden Mechanismen erklären zu können. Bei der Untersuchung von Träumen, die eine spirituelle Komponente haben könnten, gehe ich folgendermaßen vor: Schauen Sie zunächst einmal genau auf den buchstäblichen Sinn. Ist dieser buchstäbliche Sinn albern oder unangemessen, dann suchen Sie nach einem symbolischen Sinn, wie wir das ausführlich erörtert haben. Erweist sich auch diese Verstehensebene als unzutreffend (wobei Sie sich stark auf Ihr subjektives *Gefühl* verlassen müssen), dann seien Sie grundsätzlich offen für die Möglichkeit, daß Ihnen spirituell etwas mitgeteilt wird. Bei Naturvölkern war es allgemein üblich, die Träume als Mittel der Kommunikation zwischen verschiedenen Dimensionen oder Ebenen der Wirklichkeit zu benützen. Die Bibel ist voller Hinweise auf Menschen, die „in Träumen“ Lenkung und Einsichten über ihren Glauben erfahren haben.

Die Besinnung auf unser Leben, die sich in unseren Träumen äußert, enthält wesentlich mehr Information als das, was wir bewußt wahrnehmen. Es ist durchaus möglich, daß uns im Rahmen dieser Besinnung auch spirituelle Einsichten enthüllt werden. Am praktischsten ist hierfür eine Mischung von gesundem Menschenverstand und geistiger Offenheit; das führt am ehesten zu einer angemessenen Deutung.

Verbale Hinweise

Gelegentlich habe ich mit jemandem zu tun, der eine merkwürdige und faszinierende Art von Traum hat, die ich als *verbalen Hinweis* bezeichnen möchte. In diesen Träumen gibt es kein Drehbuch, oft überhaupt nichts zu sehen, keine mitwirkenden Personen und keine Handlung. (Vielleicht werden wir irgendwann einmal entdecken, daß es sich hier überhaupt nicht um Träume handelt, aber derzeit behandle ich sie als solche und betrachte ihren Beitrag als äußerst wertvoll.) Der Träumende schläft dabei, aber ist in gewisser Hinsicht „voll bewußt da" und hört ganz einfach eine körperlose Stimme, die ihm etwas ganz Bestimmtes sagt. Das mag recht gespenstisch klingen, aber das ereignet sich genau wie alle anderen Träume ganz natürlich.

Dieser Art von Hinweis ist es eigen, daß die Botschaft kurz und knapp ist und für den Träumenden einen ganz praktischen Wert hat. Es kann sich dabei um Hinweise auf seine Diät, Anweisungen zu Sicherheitsvorkehrungen oder um Anregungen für spirituelle Übungen handeln. Die Stimme klingt gewöhnlich klar und spricht ganz pragmatisch. Oft wird Träumenden gesagt, sie sollten mit dem Rauchen aufhören, sich mehr Ruhe gönnen oder sich auf etwas Anspruchsvolleres einlassen. Natürlich wird man solchen Anregungen durch derartige Hinweise nur Folge leisten wollen, wenn sie nichts Ungesundes oder Unsinniges zum Inhalt haben. Aber bei allen Hinweisen dieser Art, die ich untersucht habe, bin ich noch nie einer Aufforderung begegnet, die nicht heilsam und fruchtbar gewesen wäre. Manche Leute wachen mit dem Gefühl auf, jemand habe mit ihnen gesprochen oder ihnen etwas erklärt, aber sie erinnern sich nicht mehr, um was es ging.

Solange ich mich zurückerinnern kann, habe ich solche „Hinweis"-Träume schon gehabt; sie sind, als werde während des Schlafs eine Art Lernprogramm eingeschaltet. Es übermittelt Erklärungen oder Unterweisungen, manchmal scheint es stundenlang zu dauern, oder es sagt in rapider Kürze zu irgendeinem Thema etwas. Ich nehme dabei nichts anderes als die Stimme und die Worte wahr, und es geht dabei nicht unbedingt um Themen, die mich gerade in meinem wachen Zustand interessieren.

Ich begegne einer Anzahl von Leuten mit ähnlichen Erfahrungen, und mich würde die Rückmeldung von Lesern interessieren, die sich auch an derartige Träume erinnern.

(Meine Postanschrift: Gillian Holloway, Ph.D.
Dream Discoveries
PO Box 9164
Portland, Oregon 97207, USA)

Manche glauben, bei diesen „Hinweis"-Träumen handle es sich um eine Art „Lauschaktion" der Psyche: die „extrasensorische Wahrnehmungsfähigkeit" des Geistes werde durch das bewußte Denken nicht mehr blockiert; folglich würden unsere Sensoren wesentlich schärfer und wir könnten während des Schlafs ansonsten für uns verschlossene Quellen der Information „anzapfen". Wieder andere halten derartige Träume für Beispiele des Umschaltenkönnens auf neue „Empfangskanäle": man könnte demnach Informationen von paranormalen Quellen empfangen, wie etwa von geistigen Führern. Diese Art Träume scheinen häufiger bei Kindern, älteren Menschen und solchen, die in irgendeiner Form meditieren, vorzukommen. Es scheint jedoch ähnlich zu sein wie mit Träumen überhaupt: daß viele Menschen sie haben, aber sich eben nicht mehr an sie erinnern können. Ich persönlich glaube, daß diese Phänomene irgendwie außerordentlicher Natur sind, ihr Ursprung jedoch vorerst unklar bleibt. Was das uns Unbekannte angeht, so zeigt die Geschichte, daß diejenigen, welche dafür einen offenen, kritischen Geist behalten, Neues und mehr dazulernen als solche, die sich darauf verlegen, jede Erfahrung energisch zu bestreiten, die die Grenzen ihrer Überzeugungen in Frage stellt.

Spirituelle Träume und Visionen

Ein Grund dafür, weshalb ich zögere, über spirituelle Träume zu schreiben und zu sprechen, besteht darin, daß ich sehr vielen Menschen begegnet bin, die unter Berufung auf ihre spirituellen Überzeugungen in einer passiven, ja masochistischen Haltung festgefahren bleiben. In uns Menschen gibt es offensichtlich die sehr stark Versuchung, seine Leiden so zu deuten, daß sie einen Sinn bekommen und man nichts tun muß, um sie zu beheben. Der Glaube an ein schicksalhaftes Karma oder an frühere Leben kann einen bequemen Grund dafür liefern, daß man gefährliche oder unannehmbare Lebensverhältnisse nicht energisch ändert. Der größte Wert, den Träume haben können, steckt wohl in der Möglichkeit, die sie zum *Sichbewegen und Verändern* bieten, also daß sie das innere Wachstum fördern und uns dazu auffordern, alles abzustoßen, worüber wir hinausgewachsen sind. Beschäftigt man sich dagegen allzusehr mit der Vergangenheit, sei das auf metaphysischem oder psychologischem Gebiet, so kann das den Blick auf die Gegenwart trüben. So scheint es mir bei der Erörterung spiritueller Elemente in Träumen besonders wichtig, in den Mittelpunkt die Frage zu stellen, inwiefern die betreffende Traum-Information eine *Ertüchtigung* und *Befähigung* darstellt, energisch die anstehenden Schritte in seinem Leben zu unternehmen.

In den letzten Jahren habe ich bei meinen eigenen Träumen und auch bei denjenigen meiner Schüler die Beobachtung gemacht, daß es dabei oft um den Konflikt geht, Erfahrungen aus dem Wachzustand mit spirituellen Einsichten auf einen Nenner zu bringen. Träume sind ein ganz natürlicher Weg, um unsere Alltagserfahrungen um bestimmte Tiefendimensionen zu erweitern. Sie stellen auch wunderbare Lügendetektoren dar, die uns davor bewahren, vom Boden abzuheben, wenn eine konkrete Handlung ansteht und das Verarbeiten später erfolgen soll. Manche Traumanalytiker wollen nicht die Möglichkeit einräumen, daß Fragmente aus vergangenen Leben in Träumen enthüllt werden können. Wieder andere interessieren sich ausschließlich für die New-Age-Bewegung und neigen dazu, alle Träume unter psycho-spirituellem Aspekt zu sehen. Letztlich mag das durchaus zutreffend sein, aber die Geschichte wird dann zu kompliziert, und man kann damit fast nichts mehr anfangen. Um Ihre Traumbotschaften möglichst fruchtbar zu deuten, schlage ich Ihnen deshalb vor, sich immer vor Augen zu halten, daß sie sich auf Ihre gegenwärtige Lebenssituation beziehen und über diese etwas aussagen wollen. Wenn Ihnen in einem Traum eine Szene kommt, die Sie für eine Begebenheit aus einem früheren Leben halten, dann wird Ihnen auch diese aus dem Grund vorgeführt, weil ihr etwas in Ihrem gegenwärtigen Leben entspricht. Die Entscheidung darüber, ob Ihr Traummacher nun als Metapher ein Phantasiekostüm schneidert oder Ihnen etwas zeigt, was Sie schon aus einem früheren Leben kennen, bleibt Ihnen überlassen. Wenn Sie zu sehr an einer einzigen Erklärungsweise kleben bleiben, kann das Ihre Fähigkeit, Ihre Träume richtig zu verstehen, ziemlich beeinträchtigen. Worauf es in erster Linie ankommt, ist, daß Sie bereit sind, wirklich das zu sehen, was vorliegt und sich nicht von Ihrer vorgefaßten Ansicht darüber, was Ihnen Ihr Traum bieten muß, in eine Sackgasse führen zu lassen.

Manche Träume können so wunderbar sein, daß man beim Aufwachen diese zauberhafte Atmosphäre gar nicht mehr missen möchte.

Manchmal können unsere Träume so zauberhaft-magisch sein, daß wir uns auch in unseren wachen Stunden nach diesem Gefühl, in etwas Transzendentes versetzt zu sein, sehnen. Viele träumen davon, daß sie einen Führer oder Lehrer haben, der sie auf einen Aussichtspunkt mitnimmt und ihnen etwas Wichtiges zeigt, das sie wissen müssen. Wieder andere sind im Traum in regelrechte Ausbildungszentren mitgenommen worden und haben dort ganze Unterrichtsstunden erlebt.

Auch diese Erfahrungen scheinen von anderer Natur zu sein als die üblichen Träume. Ich empfehle Ihnen, zunächst darauf zu achten, wie „wirklich" Ihnen der betreffende Traum tatsächlich vorkommt. Manche dieser Träume bleiben recht flottierend, schemenhaft oder sonstwie traumhaft unwirklich. Andere hinterlassen einen sehr starken Eindruck von etwas Wirklichem, denn der Träumende erlebt dabei, wie er *tatsächlich* etwas „Unmögliches" zustandebringt, oder *tatsächlich* mit Engeln oder Außerirdischen spricht.

Für den Wert solcher Träume gibt es drei Möglichkeiten. Zunächst einmal enthalten sie Informationen, die sich auf Ihre gegenwärtige Lebenssituation beziehen. Zum zweiten stellen sie uns vor die Frage, was nun eigentlich wirklich möglich ist; wir müssen davon ausgehen, daß die Ereignisse unseres wachen Lebens „wirklich" sind, unsere Traumereignisse dagegen „imaginär". Drittens bewirken diese nächtlichen Ereignisse *tatsächlich* einen Schub in Ihrem persönlichen Wachstum, Ihrem Sich-Ändern und Ihren Gefühlen. Denn immerhin handelt es sich um Erfahrungen, die Sie *gemacht* haben und die Teil Ihrer Geschichte werden – und jede unserer Erfahrungen verändert uns in gewisser Weise.

Wenn Sie derartige Träume haben, rate ich Ihnen also dringend, in einem Tagebuch aufzuschreiben, was Sie daraus lernen, sowie genau ihre Häufigkeit und ihre Entsprechungen mit Ihrer Lebenssituation im Wachzustand aufzuzeichnen.

Heilendes Licht

In den letzten Jahren bin ich einer interessanten Art von Träumen begegnet, die erst seit einiger Zeit in den Berichten meiner Klienten auftauchen. Es kann sein, daß die Menschen zunehmend mutiger werden, über ungewöhnliche Träume zu sprechen, oder daß neuerdings solche Träume vermehrt bei Menschen auftauchen, die meditieren oder sich irgendeiner Übung widmen, die die psychische Entwicklung begünstigt. Es ist aber auch möglich, daß ich selbst einfach offener geworden bin und erst jetzt bestimmte Erfahrungen wahrnehme, ohne sie wegzuerklären. Diese Träume möchte ich als Träume von *heilendem Licht* bezeichnen, denn das einzige, was in ihnen passiert, ist, daß der/die Träumende einem sehr intensiven Licht ausgesetzt wird. Den folgenden Traum von einem solchen „Heilenden Licht" hat mir erst neulich jemand erzählt:

Ich liege im Bett und sehe mir gegenüber im Zimmer ein sehr starkes Licht. Ich meine, daß ich den Fensterladen offengelassen habe und deshalb von außen Licht hereinscheint. Ich öffne die Augen und bin überrascht, daß es draußen ganz dunkel ist. Ich schließe die Augen und sehe fast sofort wieder das starke Licht. Es bewegt sich durch den Raum auf mich zu. Es ist eine große Lichtkugel, die einen Augenblick direkt vor mir stehenbleibt und dann in meine Stirn und ganz durch mich hindurchgeht. Damit verschwindet sie. Aber bald kommt ein zweites Licht durch das Zimmer auf mich zu, und das gleiche wiederholt sich. Ich habe das Gefühl, daß mich das stärkt oder irgendwie auflädt. Und dann schlafe ich plötzlich ein.

Diese Träumende hatte sich jahrelang in Meditation, Gebet und einem gesunden Lebensstil geübt. Ihre Lebenseinstellung war eher konservativ, und exzentrischen Gruppen oder unorthodoxen Vorstellungen stand sie ziemlich skeptisch gegenüber. Ich war ihr dankbar, daß sie mir von dieser Erfahrung erzählte, denn wenn sie das so beschreibt, habe ich keine ernsthaften Zweifel, daß das wirklich so stimmt. Inzwischen hat sie mir noch erzählt, diesen Traum habe sie jetzt jede Woche ein oder zwei Mal. Diese Frau wacht morgens mit dem angenehmen Gefühl auf, während der Nacht eine Art Verjüngung erfahren zu haben.

Während eines besonders traurigen Abschnitts in meinem Leben suchte ich eine bessere Ausbildungsmöglichkeit und zog dazu in eine andere Stadt in einem anderen Staat. Ich fühle mich einsam und allein, gewissermaßen nicht mehr als „Ich selbst", und mir fehlte der junge Mann, den ich vor dem Umzug kennengelernt hatte. In der darauffolgenden Nacht hatte ich folgenden Traum von Heilendem Licht:

Ich werde von diesen Lichtmenschen zu einem großen See voller Licht getragen. Sie kümmern sich um mich, weil ich in letzter Zeit so niedergeschlagen war. Sie tragen mich an den See und tauchen mich in die Wasser aus Licht. Sooft sie mich hineintauchen, nehme ich einiges von dem Licht in mich auf. Schließlich bin ich ganz strahlend, fast so hell leuchtend wie die Wesen, die sich um mich kümmern.

Ich wachte aus diesem Traum so gerührt von der Sorge der Lichtmenschen um mich auf, daß ich mich durch diese Erfahrung liebevoller Zuwendung richtig erfrischt fühlte. Ich schaute mich im Spiegel an; zwar sah ich nicht besonders strahlend aus, aber jedenfalls auch nicht mehr so traurig wie am Abend zuvor. Ich hatte deutlich das Gefühl, einer Art Heilbehandlung durch Licht ausgesetzt worden zu sein, und das versetzte mich in die Lage, mit frischer Energie mein schulisches Vorhaben voranzutreiben. Hatten mir diese Lichtmenschen geholfen, indem sie meine inneren Schwingungen der Verzweiflung und Einsamkeit behoben hatten? Ich neige dazu, mit dieser Möglichkeit zu rechnen. In der Geschichte werden starke Lichterfahrungen schon immer mit spirituell erhebenden Erlebnissen in Zusammenhang gebracht. Wenn Sie also von intensivem Licht träumen, das sich liebevoll, schützend und nährend anfühlt, ist es möglich, daß Sie eine Art direkter, fast „elektrischer" Energiezufuhr erfahren, die spiritueller Natur ist.

Jahre vor diesem aus Gründen meiner Ausbildung unternommenen Umzug hatte ich eine Reihe von „Heilendem-Licht"-Träumen, die ungefähr sechs Monate lang anhielt.

Ich werde von mehreren Lichtwesen dem Licht entgegengehalten. Sie tragen mich immer höher und höher ins Licht, bis ich die Intensität kaum mehr aushalten kann. Ich sage ihnen, daß es mir zuviel wird, und sie bleiben an dieser Stelle mit mir stehen. Es ist eine Art Licht, die wie durch mich hindurchscheint, und ich sauge es irgendwie in mich auf. Ich kann nur diese bestimmte Menge aufnehmen. Mir kommt der Gedanke, daß dies geschieht, um mich irgendwie zu verändern, aber nicht, um mir zu schaden. Es ist etwas ganz anderes als ein Nahtod-Erfahrung. Das Licht ist nicht in einem Tunnel, sondern überall, in und durch alles hindurch.

Ich spürte intuitiv, daß ich in diesen Träumen irgendwie genährt und gestärkt wurde. Subjektiv machte ich die Erfahrung, daß das eher *Ereignisse* als bloße Traumbilder waren, und ich verspürte sogar eine Art Ermüdung, weil ich nachts beim Schlafen nicht allein gelassen wurde. Aber weil es sich um angenehme, unbedrohliche Erfahrungen handelte, die meine intuitiven Fähigkeiten und meinen Orientierungssinn zu stärken schienen, machte ich mir ihretwegen keine Sorgen. Sie waren interessant, aber tagsüber vergaß ich diese Ausflüge in den Lichtbereich fast ganz; erst gegen Abend kamen sie mir langsam wieder in Erinnerung. Später habe ich auch von anderen gehört, daß sie solche Träume von einer Art „Lichttherapie" gehabt haben, und ich möchte gern genauer wissen, wo sie herstammen und wie sie wirken. Handelt es sich eher um Ereignisse als um Träume? Handelt es sich womöglich um eine Art von natürlichem Heilungsphänomen, das sich während des Schlafs ereignet? Lassen sich solche Träume eventuell bewußt und klarsichtig herbeiführen? Könnte man sie gezielt für Zwecke der Selbst-Erneuerung und Heilung einsetzen? Ein interessanter Aspekt dieser Träume ist ja die Erfahrung, dabei einer Art von *Behandlung* unterzogen zu werden, und nicht die üblichen Handlungen und Gefühle eines Traums zu erleben. Wenn diese Traum-Ereignisse tatsächlich eine heilende Wirkung haben, könnten genauere Forschungen über sie vielleicht sehr hilfreiche Erkenntnisse zutage fördern.

Geistliche Führer

In den letzten Jahren habe ich immer öfter von Träumen gehört, in denen ein offensichtlich weises Wesen erscheint und dem Träumenden Führung gewährt. In manchen Fällen wird der Träumende dabei in eine Art Frage-und-Antwort-Situation versetzt, bei der er etliches von seinem Lehrer lernen kann. Oft sind diese Träume nicht davon begleitet, daß man etwas sieht oder sich etwas abspielt. Sie können ausschließlich daraus bestehen, daß man Fragen stellt und eine Stimme hört, die die Antworten gibt. Den Inhalt solcher Träume kann man leicht verstehen, weil er in direkter Rede mitgeteilt wird. Das einzig Rätselhafte an solchen Träumen ist, worum es sich dabei nun eigentlich *handelt*. Sind das tatsächlich eine Art spiritueller Sprechstunden? Viele würden das bejahen. Ich würde eher empfehlen, sie so zu nehmen, wie Sie sie persönlich erfahren.

Für manche ist das Empfinden, sich mit einem anderen intelligenten Wesen zu unterhalten, so spürbar, daß sie die Möglichkeit, es könnte eine Illusion sein, ausschließen. Andere gehen davon aus, daß alle während des Schlafs eintretenden Erfahrungen Träume und daher „nicht wirklich" sind. Da ich einen Großteil meiner Zeit mit dem Erforschen der Welt der Träume verbringe, neige ich zu der Überzeugung, daß Träume etwas *Wirkliches* sind, aber auf andere Art als die Ereignisse unseres Wachzustands. Ich lege Ihnen nahe, Ihre Erfahrungen und die Ereignisse, die Sie erlebt haben, ernst zu nehmen. Auch was Sie geträumt haben, haben Sie wirklich durchgemacht, zumindest innerlich.

Was die Ratschläge und Anweisungen angeht, die man in solchen „Traum-Sprechstunden" erhält, so lassen Sie Ihren gesunden Menschenverstand walten. Wenn Ihnen Ihr Trainer sagt, Sie sollten mehr trainieren, und Sie selbst wissen, daß er recht hat, dann kann das für Sie ein guter Anstoß sein, sich endgültig dazu aufzuraffen. Sagt er Ihnen, Sie sollten gleich morgen einen 25-km-Lauf machen, aber Sie waren noch nie ein Läufer, dann werden Sie diesen Tip mit einer Prise Salz nehmen wollen. Ich habe noch nie gehört, daß jemand in Träumen dieser Art eine idiotische oder schädliche Anweisung erhalten hat. Trotzdem ist es gut, wenn Sie jede Anweisung, die Sie auf diesem Weg bekommen, durch den Filter Ihres eigenen Urteilsvermögens laufen lassen, ehe Sie sie in die Tat umsetzen.

Träume von Verstorbenen

Viele von uns träumen von Verstorbenen. Am verbreitetsten ist die Auffassung, diese Träumen böten den Träumenden die Möglichkeit, ihre Emotionen bezüglich des verlorenen geliebten Menschen zu klären und aufzuarbeiten. Sieht man sich aber solche Träume genauer an, so hat man eher den Eindruck, der Traummacher benütze den Verstorbenen, um dem Träumenden eine bestimmte Eigenschaft vor Augen zu halten oder ihm etwas mitzuteilen, was dieser, wenn überhaupt von jemandem, dann am ehesten von diesem Verstorbenen annehmen würde. Häufig kommt es vor, daß man von dem Verstorbenen am Jahrestag seines Hinscheidens träumt, oder anläßlich eines anderen gemeinsamen Jahrestags. Wenn Sie häufig von einem längst Verstorbenen träumen, der Ihnen nicht besonders nahe gestanden hat, können Sie davon ausgehen, daß der Betreffenden symbolisch für etwas Bestimmtes steht. Gehen Sie auch hier so vor, daß Sie sich selbst genau seinen Charakter beschreiben und dann überprüfen, woran Sie diese Beschreibung erinnert. Es könnte sich dabei um eine Seite Ihrer selbst handeln, die Sie sich weigern zu entfalten oder die Sie in Ihrem Wachzustand „nicht zu Wort kommen lassen". Aus *diesem* Grund greift Ihr Traummacher auf einen längst verstorbenen Mitspieler für seinen Traum zurück.

Wenn Sie träumen, daß Sie mit einem geliebten verstorbenen Menschen zusammen sind, nehmen Sie Ihre Gefühle, daß das wirklich so ist, ernst.

Vielleicht haben Sie schon die Erfahrung gemacht, daß Sie von einem Ihnen sehr nahestehenden Verstorbenen geträumt haben, der derart *spürbar* bei Ihnen war, daß Sie sich am nächsten Morgen ganz anders gefühlt haben. Es war, als hätte er/sie Ihnen mitgeteilt, es gehe ihm/ihr gut, und folglich könnten auch Sie sich wieder besser Ihres Lebens freuen. Gewiß gehören die Träume zu den bewegendsten und schönsten, in denen einem ein geliebter Verstorbener versichert, er trete in ein nächstes Daseins- und Reifungsstadium und sei alles andere als erloschen, sondern in besserer Verfassung als je zuvor. Schenkt uns unser Traummacher dieses Erlebnis, um unser eigenes Wohlbefinden zu bessern und unseren Schmerz zu lindern? Viele Therapeuten würden sagen, bei diesen Träumen handle es sich um einen natürlichen Selbstheilungsmechanismus des Gehirns, das die Intensität der Trauer zu vermindern suche, indem es die Hoffnung auf ein Leben nach dem Tod suggeriere. Andere, ich eingeschlossen, stellen sich eher die Frage, ob eine Liebesbeziehung tatsächlich so stark sein kann, daß sie es ermöglicht, im Traumzustand miteinander in Kommunikation zu treten, sogar über unterschiedliche Dimensionen hinweg. Niemand kann diese Frage für jemand anderen beantworten. Vertrauen Sie Ihrer eigenen Erfahrung. Wenn Sie spüren und glauben, daß ein geliebter Mensch bei Ihnen ist oder daß er sie besucht hat, dann nehmen Sie das an. Wenn Sie häufiger Ihre Träume bearbeiten und sie sich genau in die Erinnerung zurückrufen, bekommen Sie ein Gespür für die unterschiedlichen Gefühlsqualitäten der verschiedenen Träume, und Sie können sicherer unterscheiden, wo Ihnen eine Gewißheit kommt und wo nicht. Es ist durchaus nicht ungewöhnlich, daß man von jemandem schon bald nach seinem Hinscheiden träumt, wie er einem versichert, er sei keineswegs „tot", ja es gebe in Wirklichkeit gar keinen Tod. Viele weisen diese Träume vom „Tod als nur einer Durchgangspforte" zurück mit der Behauptung, das sei ein Trick unseres Geistes, der unsere Angst vor unserem eigenen Tod mildern wolle, indem er den Schlag, einen geliebten Menschen verloren zu haben, abschwäche. Viele haben auch solche Träume und reden nicht davon, weil sie natürlich befürchten, die anderen würden das spöttisch abtun oder sie seltsam oder übersteigert finden. Achten Sie sorgfältig auf Ihr subjektives Gefühl dafür, wie „wirklich" der Traum ist. Ebenso achten Sie genau darauf, ob der Traum Ihre Angst und Ihre Trauer mindert. Wenn sich Ihr Herz am Morgen leichter fühlt, brauchen Sie zwar nicht zu verstehen, was nun eigentlich genau passiert ist, aber Sie können darauf vertrauen, daß Sie etwas Wichtiges gelernt haben und daß alles doch nicht ganz so ist, wie Sie vorher gemeint hatten. Es klingt zwar durchaus plausibel, daß das allgemeine Auftreten dieser Art Träume ein Anzeichen der Angst des Menschen vor dem Tod ist, aber genauso vernünftig ist die Frage, ob dieses weitverbreitete Phänomen nicht auch ein Hinweis darauf ist, daß wir unter „Wirklichkeit" weit mehr verstehen sollten, als wir gemeinhin dafür halten.

Klarsichtige Träume

Klarsichtige Träume sind solche, in denen sich der Träumende noch während des Traums klar bewußt ist, daß er träumt. Haben Sie schon einmal erlebt, daß Sie vor sich hingehen und voll mit Ihren eigenen Sorgen beschäftigt sind, und plötzlich passiert etwas so Ungewöhnliches, daß Sie merken: Sie träumen? Oft hat man dabei das Gefühl, man durchschaue eine Handlung oder ein Ereignis und sage: „Einen Augenblick, das ist ein Traum!" Wenn Sie mit Eifer Träume untersuchen, *müssen* Sie fast zwangsläufig diese Art Erfahrung machen, wenn Sie sie nicht bereits gemacht haben. Es scheint, die Gesetze, nach denen Träume funktionieren, sind gar nicht so streng, wie wir lange gemeint haben. Wenn Sie regelmäßig Ihre Träume untersuchen, werden Sie eine zunehmende Tendenz spüren, daß Sie zu ihrem bewußten Mitgestalter direkt bei ihrem Entstehen werden. Das ist so ähnlich wie bei Filmschauspielern, die in einem Film oder einer Fernsehsendung sowohl Spieler als auch Regisseur sind. Diese Doppelrolle ist eine aufregende Sache, und vor allem ist das eine unschätzbar wertvolle Übung für die Art von Vielseitigkeit, die wir auch in unserem Wachzustand brauchen.

Manche Therapeuten glauben, wenn man seine Grenzen klar durchschaue, sei das, wie wenn man im Traum klarsichtig wird und erkennt, wie oft Ereignisse eine Frage der Auswahl sind.

Eine Art klarsichtiger Träume ist diejenige, bei der man ganz aktiv bei der Gestaltung der Handlung beteiligt ist. Man ist sich dann dessen bewußt, daß man im Zustand des Traums ist, und man ist in der Lage, selbst bestimmte Handlungen oder Tätigkeiten auszuwählen, so daß man die Richtung des Handlungsverlaufs mitbestimmt. Hier folgt die Beschreibung eines solchen klarsichtigen Traums, den mir Nan erzählt hat:

Ich baue ein Haus. Ich denke, das wird nun wirklich mein „Traumhaus", und dann merke ich, daß ich träume. Ich beschließe, daß ich es genauso baue, wie ich es haben will, weil ich weiß, daß es mich ja nichts kostet. Ich gestalte auch genau die Umgebung, die ich haben möchte, und ich habe eine riesige Freude daran.

Manche Forscher und Berater glauben, daß klarsichtige Träume eine ausgezeichnete Möglichkeit bieten, Probleme und Belastungen aufzuarbeiten, oder auch, wie es bei Nan der

Fall war, unbegrenzt kreative Möglichkeiten durchzuspielen. In manchen Workshops versucht man, in der Phantasie noch einmal in einen Traum einzusteigen und seinen Ausgang nach Belieben abzuwandeln.

Aber jetzt muß noch etwas über das Erkennen des Traumzustands und die Entscheidung, sich seinen Dämonen zu stellen, gesagt werden. Ich hatte unlängst die folgende klarsichtige Traum-Problematik:

Ich drehe mich um und sehe Kelly, die Freundin aus meiner Kindheit. Sie kommt oft in meinen Träumen vor, obwohl wir uns im wachen Leben schon lange aus den Augen verloren haben. Ich schreie sie an: „Was tust du du ganze Zeit in meinen Träumen? Was willst du von mir?" Kelly verbirgt ihr Gesicht in ihren Händen und sagt: „Laß mich doch einfach."

Obwohl ich wußte, daß ich träumte, hatte ich keinen bewußten Einfluß auf die Handlung; ich nahm vielmehr bewußt an ihr teil. Kelly war in meiner Kinderzeit meine Freundin, ein äußerst aggressives kleines Mädchen. In meinen Träumen stellt sie jenen Teil meiner selbst dar, der am liebsten alles fest in den Griff nehmen und Nägel mit Köpfen machen möchte. Der vorherrschende Teil meiner Persönlichkeit jedoch ist eher zurückhaltend und neigt paradoxerweise dazu, meine aggressive Vitalität unter Verschluß zu halten. Kelly taucht also oft in meinen Träumen auf, um mich an ihr Dasein und ihre „power" als mögliche Quelle meiner Kraft zu erinnern. Allzuoft aber verurteile und kritisiere ich sie, statt sie fruchtbar ans Werk gehen zu lassen. Dieser Traum öffnete mir die Augen dafür, daß ich sie in letzter Zeit allzusehr „niedergehalten" hatte.

Nans Traum, in dem sie aktiv am Drehbuch mitschreibt, und mein eigener Traum, in dem ich mir meines Traumzustands bewußt bin, aber vom Ereignis überrascht werde, sind zwei Beispiele für klarsichtiges Träumen. Haben Sie Interesse daran, diese Fähigkeit bei sich besser zu entwickeln, so konzentrieren Sie sich auf die Deutung Ihrer übrigen Träume und reden sich außerdem vor dem Einschlafen suggestiv selbst ein, daß Sie bewußt Ihre Träume als solche erleben möchten. Wollen Sie jedoch unbedingt einen Traum noch einmal neu und anders „drehen", dann können Sie das auf jeden Fall tun. Achten Sie nur darauf, daß Sie sich zuerst einmal genügend Zeit nehmen, um die „Originalfassung" genau festzuhalten und zu deuten, ehe Sie sich an die Zweitversion machen. Sie müssen zuvor die Botschaft und den Sinn des Traums, wie er für Sie erschaffen wurde, erfassen, ehe Sie ihn in eine Ihnen genehmere Form bringen. In gewisser Hinsicht gibt uns eine solche Umformung ein gutes Gefühl, denn wir können happy ends und leichte Lösungen erfinden. Verschafft Ihnen ein Traum Unbehagen, so erinnern Sie sich, daß übersteigerte Gefühle ein wichtiges Ausdrucksmittel der Traumsprache sind und dazu dienen, Sie auf etwas bestimmtes deutlich aufmerksam zu machen. Ist etwas für Sie „heiß" und problembeladen oder macht es Ihnen Angst, so müssen Sie dahinterkommen, was da genau gespielt wird. Wenn Sie dann erfaßt haben, auf welche Dynamik in Ihrem wachen Leben das anspielt, können Sie sich ruhig die Freiheit nehmen, den Handlungsverlauf der Traumgeschichte nach Ihrem Belieben zu verändern.

Vorauswissen und psychische Träume

Viele Menschen, die sich an ihre Träume erinnern, aber wenig Ahnung davon haben, wie sie entstehen und wirken, sind besorgt, ihre Angstträume könnten wahr werden. Wie sollte man auch genau wissen, wann man eine „Warnung" bekommt, und wann man aus einem anderen Grund einen Angsttraum hat? Ich wurde ursprünglich in einer Tradition ausgebildet, die die Möglichkeit eines Vorauswissens im Traum kaum beachtet hat. In gewissem Sinn ist das klug, denn die Wahrscheinlichkeit ist ungleich größer, daß sich jemand angesichts der schrecklichen Begleitumstände eines Alptraums unnötig Sorgen macht und Ängste bekommt, als daß der Traum tatsächlich ein Vorauswissen beinhaltet. Ich weiß schon gar nicht mehr die Zahl der Menschen, die mit Alpträumen zu mir gekommen sind und mir die sie bedrängende Frage gestellt haben: „Wie kann ich wissen, ob das eine Vorahnung ist?" Das ist eine äußerst schwierige Frage. Noch vor wenigen Jahren hätte ich empfohlen, die Möglichkeit, daß uns ein Traum etwas über unsere Zukunft mitteilt, bei der Traumdeutung nur an allerletzter Stelle gelten zu lassen. Mit anderen Worten, ich hätte gesagt: „Schlagen Sie sich das aus dem Kopf. Das wäre nur eine ganz *entfernte* Möglichkeit." Doch seither bin ich so vielen „präkognitiven" Träumen begegnet, also Träumen, in denen ein Vorauswissen steckte, daß ich diese Meinung revidieren muß. Hier ist der präkognitive Traum eines guten Bekannten von mir, in dessen Träumen oft Elemente der Vorahnung mitspielen:

Ich gehe am Rand einer Straße und lasse mir meine Sorgen durch den Kopf gehen, als mich plötzlich mehrere Leute von der Straße wegscheuchen. Ich renne weg, in die grasbewachsene Wiese zu meiner Linken und kann entkommen, aber mit knapper Not. Das kommt mir sehr wirklich vor, und ich erinnere mich lebhaft daran, als ich erwache.

Am darauffolgenden Tag ging dieser Mann am Rand einer Straße in der Nähe seines Hauses, als folgendes passierte:

„Ich sah von weitem einen Pickup-Laster die Straße herunterfahren, der langsam von der Fahrbahn auf das Bankett abkam und genau auf mich zufuhr. Ich blieb stehen, in der Annahme, der Fahrer werde wieder auf die Straße einlenken, aber das tat er nicht. Ich sprang mehrere Schritte weit seitlich in den grasbewachsenen Randstreifen, um ihm aus dem Weg zu gehen, aber der Laster fuhr immer noch auf mich zu! Ich sprang weiter die Grasböschung hinunter, und als ich aufblickte, sah ich, daß der Fahrer am Steuer eingeschlafen war. Der Laster überfuhr genau an der Stelle, an der ich gestanden hatte, das Bankett und holperte die Böschung hinunter. Als er zu holpern und zu schwanken anfing, wachte der Fahrer auf, und er konnte gerade noch bremsen, ehe sich der Laster überschlug."

Nachdem mein Bekannter diesen Hergang den Verkehrspolizisten erzählt und vor seinem inneren Auge noch einmal hatte ablaufen lassen, erinnerte er sich plötzlich wieder an den Traum der vergangenen Nacht.

Beachten Sie, daß mein Bekannter erst nach diesem Ereignis des Tages danach merkte, daß er einen präkognitiven Traum gehabt hatte. Doch sagte er: „Interessant dabei war, wie ruhig ich während des gesamten Hergangs blieb. Ich spürte sofort, daß etwas Ungewöhnliches im Gang war, als der Pickup noch über hundert Meter von mir entfernt war, und ich tat genau das Richtige, um nicht von ihm angefahren zu werden." So können Sie also erst nach dem Ereignis eindeutig feststellen, ob es sich um einen vorauswissenden Traum gehandelt hat. Das Interessante daran ist, daß Ihr Unterbewußtsein aktiviert und auf einen entsprechenden Vorfall vorbereitet ist, ganz unabhängig davon, wie weit Sie das bewußt vorher registriert haben.

Wenn Sie bereits wissen, daß Sie zu präkognitiven Träumen neigen, weil sie oft die Erfahrung gemacht haben, daß sie im wachen Leben danach eintreffen, ziehen Sie das bei Ihrer Analyse mit in Betracht. Manche Leute neigen mehr zu vorauswissenden Träumen, andere sind nicht besonders dazu veranlagt. Am besten kommt man dahinter, wenn man sorgfältig Buch darüber führt.

Ein Grund dafür, warum Experten so lange eher skeptisch gegenüber der Möglichkeit wirklicher präkognitiver Träume waren, besteht darin, daß das Unterbewußte ungemein scharf wahrnehmen kann, folglich über mehr Daten als unser Bewußtsein verfügt und deshalb oft messerscharf etwas Künftiges sozusagen in die Zukunft hochrechnen kann. Fakten, die Ihrem Bewußtsein entgehen, fügt Ihr Unbewußtes zusammen und webt daraus Traumbotschaften, die bevorstehende Ereignisse „voraussagen". Die Kombination von unterbewußter Wahrnehmung und scharfer Intuitionsgabe (unverdorben durch Verstandeskonstruktionen) ist ein exzellenter Problemlöser. Genau auf diese Art Quellen greift Ihr Traummacher bei der Herstellung Ihrer Träume zurück.

Ich arbeitete einmal bei einem Unternehmen, das mit einem reichen und etwas zwielichtigen Geldgeber fusionierte, um seine Liquidität zu retten. Ich hatte meine Bedenken mit dieser Fusion, weil der Betreffende sich in Kreisen bewegte, wo sowohl kriminelle als auch legitime Machenschaften betrieben wurden. Doch ich unterdrückte meine Bedenken, weil die anderen Mitarbeiter meine Befürchtungen nicht teilten. Als ich den folgenden Traum hatte, beschloß ich, auf meine inneren Warnsignale zu hören und bei dieser Firma zu kündigen.

Wir verkaufen im Büro Feuerwaffen. Wir alle tragen Munitionsgürtel. Man weist uns an, mit entsicherter Waffe mit un-

seren Kunden zu telefonieren. Ich kann es nicht fassen, daß wir das tun. Es paßt überhaupt nicht zu dem, was wir vertreten. Aber mein Chef ist der Überzeugung, daß wir auf diese Weise viel Geld machen können, und darauf kommt es ihm an. Ich denke bei mir: „Da möchte ich nicht mitmachen."

Nach diesem Traum war ich meiner Sache viel sicherer; wenn schon keine kriminellen Aktivitäten bei unseren gegenwärtigen Geschäften mitspielten, so verschlechterten sich zumindest die ethischen Prinzipien in dieser Firma rapid. Ich verließ das Unternehmen und hatte noch einige Wochen danach immer wieder Träume von kriminellen Machenschaften in Verbindung mit dieser Fusion. Wenn sich später meinen Traumbildern entsprechende Dinge ereignet hätten, wäre die Annahme naheliegend gewesen, es habe sich um vorauswissende Träume gehandelt; aber ich glaube nicht, daß das der Fall war. Ich würde das lieber als *Traum-Amalgame,* also als Traum-Verschmelzungen bezeichnen: Der Traummacher liest Dutzende winziger Indizien auf und verschmilzt sie alle zu einem schlüssigen Bild. Wenn Sie schon einmal in einem Film von Sherlock Holmes oder Perry Mason miterlebt haben, wie diese Detektive kleine Hinweise finden und daraus schließlich das wahre Geschehen hinter dem rätselhaften Ereignis erschließen, haben Sie ein gutes Beispiel dafür, wie diese Art Talent arbeitet. Ihr Unterbewußtes besitzt diese Fähigkeit in unglaublichem Maß. Weil wir während unserer wachen Stunden oft völlig mit „Denken" beschäftigt sind und unsere Alltagspflichten im Kopf haben müssen, und weil wir oft beschließen, nicht zu sehen, was wir nicht sehen wollen, entgehen unserem Wachbewußtsein oft Zusammenhänge und Schlüsse, die das Traumbewußtsein erfaßt und aufzeigt.

Wenn Sie also davon träumen, daß ein gerade laufendes Unternehmen schiefgeht, eine Chance im Geschäft sich als Pleite erweist, ein Liebhaber Sie hintergeht oder Ihre Gesundheit gefährdet ist, *achten Sie genau auf die Botschaft*. Ganz gleich, ob Ihr Traummacher nun psychische Informationen verknüpft oder ob Sie ein Traum-Amalgam erfahren, es kommt immer auf den genauen Sinn des Traums an.

Vorausschau künftiger Dinge: Das kommende Jahrtausend

Träume von Erdbeben, Feuer und Hochwasser sind recht geläufig. Diese Bilder pflegen sich während Phasen inneren Aufruhrs im Betreffenden einzustellen. Wer eine Scheidung durchmacht oder einen schmerzlichen Abschied erlebt, setzt das im Schlaf häufig in Bilder von Naturkatastrophen um. Bilder der Verwüstung, des Schiffbruchs oder des Verlusts veranschaulichen plastisch das Gefühl emotionaler Umwälzung und des Kampfes ums Überleben (des Wohlbefindens), das mit drastischen oder unerwünschten Umbrüchen einhergeht.

Je mehr sich das Jahr 2000 nähert, scheint eine Art kollektiver Erwartung eines bevorstehenden Umbruchs in das einzugehen, was der Psychologe C.G. Jung als das „kollektive Unbewußte" bezeichnet hat. Das Tempo unseres zeitgenössischen Lebens beschleunigt sich unaufhaltsam und verursacht individuellen und kollektiven Streß. Ernste Sorgen um das Überleben unserer Art und unseres Planeten sind zu berechtigten und dringenden Themen unserer Aufmerksamkeit geworden. Ich glaube, die große Mehrzahl von Träumen in dieser Richtung läßt sich so deuten, daß hier der Traummacher auf zeitgenössische Symbole für Verlust und Außer-Kontrolle-Geraten zurückgreift, aber sie als Metaphern für persönliche Probleme benützt. Trotzdem fragen mich viele Leute, ob ihr Traum vielleicht eine Art Blick in die Zukunft ist.

Wenn Sie einen Traum haben, von dem Sie meinen, es handle sich dabei um eine Vorausschau künftiger Dinge, so können sie die diesbezüglichen Elemente besonders hervorheben und sie in Ihrem Traum-Tagebuch extra vermerken. Läßt sich der Traum in keine Beziehung zu einer Situation in Ihrem gegenwärtigen Wachzustand bringen und kommt er oft wieder oder scheint er im Lauf einer Nacht mehrmals „vorgespielt" zu werden, sind die Chancen größer, daß er eine ungewöhnliche Information enthält.

Menschen, die höchst ungewöhnliche Traumerlebnisse haben, fühlen sich oft bedrückt durch das Gefühl, niemanden zu haben, dem sie davon erzählen können. Diese Einsamkeit kann schlimm und angsterregend werden, wenn man ganz und gar nicht weiß, wie man ein bizarres Ereignis deuten soll. Ich empfehle Ihnen in diesem Fall, unbedingt jemanden zu suchen, bei dem Sie sich über diese Erfahrungen aussprechen können. Selbst wenn Sie zu keinen befriedigenden Schlüssen oder eindeutigen Erklärungen kommen, verschafft es Ihnen mehr Vertrauen und Seelenfrieden, wenn Sie Ihre Träume und die Gedanken, die Sie sich darüber machen, jemandem erzählen und sie mit ihm besprechen können.

Kapitel 8

„Lieber Traummacher …“ Ihre Wunschliste für die Nacht

Wir haben gesehen: Unsere Träume können uns viele wertvolle Anregungen geben; zudem vermitteln sie uns eine Art Innenschau dessen, was sich in unserem Leben wirklich abspielt. Da stellt sich die Frage, ob es auch möglich ist, seine Träume um Rat zu fragen, wenn man mit einem bestimmten Problem oder einer Frage konfrontiert ist. Das ist tatsächlich möglich, und viele Menschen haben es schon als enorm hilfreich erlebt, wenn sie das tun. (Eine genaue Untersuchung über die Methode, um hilfreiche Träume zu bitten, bietet Gayle Delaneys Buch *Living Your Dreams* in den Kapiteln über „dream incubation“.)

Stehen Sie vor einer wichtigen Entscheidung oder haben Sie das Gefühl, weit hinter dem zurückzubleiben, was Sie sich vorgenommen hatten, ist das eine ausgezeichnete Situation, um Ihre Träume um Hilfe zu bitten. Wenn Sie erst Anfänger in der Traumdeutung sind, zögern Sie vielleicht noch, sich ausdrücklich Träume zu bestimmten Themen zu wünschen. Aber keine Sorge! Dieser Service ist kostenlos! Ihr bestmöglicher Führer/Mentor/Ratgeber steht jederzeit zum Dienst bereit.

Ihr Traummacher *hat nichts anderes zu tun*, als sich in jeder Hinsicht um Hilfe für Sie zu kümmern. Haben Sie Respekt vor ihm, aber haben Sie auch keine Scheu, wenn es darum geht, ihn nach etwas zu fragen, was Sie dringend wissen müssen. Allerdings ein Wort der Warnung: Werden Sie nicht aufgeregt oder kommen Sie sich nicht als Versager vor, wenn Sie keine Träume bekommen, die Ihnen sagen, was Sie nun genau tun sollen. Sie befragen schließlich keine Auskunftei, sondern Sie versuchen genau auf die Tiefenschichten Ihres Geistes zu hören, um von ihnen etwas zu erfahren, und deren Antwort kann so beschaffen sein, daß Sie sie nicht gleich begreifen oder gar nicht als solche erkennen. Geht es Ihnen um eine sehr wichtige Auskunft, so bleiben Sie hartnäckig und sehr gewissenhaft am Aufschreiben und Untersuchen Ihrer Träume. Wenn Sie wollen, können Sie vor dem Einschlafen eine bestimmte Frage aufschreiben und am Morgen dann die Träume notieren, die Ihnen gekommen sind. Oder Sie legen sich einfach schlafen und wiederholen im Kopf immer und immer wieder die betreffende Frage, bis Sie eindösen.

Als ich mich nach einer Zusatzausbildung in Psychologie umsah, wünschte ich mir einen Traum, um mir bei der Entscheidung zu helfen, ob ich eher weiter feste Vorlesungen besuchen oder lieber an einem attraktiven, aber umstrittenen Seminar teilnehmen sollte, in dem die Studenten weithin selbst ihre Arbeitsweise bestimmen konnten. Ich hatte daraufhin folgenden Traum:

Ich fahre auf der offenen Landstraße so schnell ich kann, aber ich weiß nicht, wo ich bin oder wo ich hinfahre. Ich bin jedenfalls in großer Eile. Ich habe keine Straßenkarte. Ich kann nicht glauben, daß ich ohne Karte in eine mir ganz unbekannte Gegend gefahren bin. Ich habe das Gefühl, ich müsse dringend vorwärtskommen, aber ich weiß nicht, wo ich eigentlich erwartet werde und ob ich schon auf dem richtigen Kurs bin oder nicht. Wenn ich keine Straßenkarte habe, bringt mir das alles nichts.

Ich erkannte auf der Stelle, daß mir meine persönliche Tatkraft und Entschlossenheit viel Treibstoff lieferten, um meine Ausbildung zu organisieren und meine Ziele zu erreichen, aber daß es mich nirgendwohin führen würde, wenn ich mit Vollgas ohne klare Orientierung dahinbrauste. Wie sollte ich ohne feste Richtlinien wissen, „ob ich schon auf dem richtigen Kurs bin"? Wie sollte ich wissen, wann ich am Ziel war? Ich spürte, daß mich meine energische Selbständigkeit zwar ertüchtigte, das Steuer selbst in die Hand zu nehmen, aber daß ich für diese spezielle Fahrt Hilfe und Führung brauchte. Die „offene Landstraße" war eindeutig in diesem Fall nicht der beste Weg. Ich entschloß mich also für ein Ausbildungszentrum, das mir die Möglichkeit bot, systematisch die aufregendsten und interessantesten Bereiche der zeitgenössischen Psychologie kennenzulernen, und gleichzeitig wichtige Praktika zu machen und Diplome zu erwerben, die für eine Lizenz zum Praktizieren wichtig waren.

Wenn Sie sich einen Traum wünschen, der Sie führen soll, ist es am besten, Sie fragen ziemlich direkt, was Sie wissen wollen. Wenn Sie die Formulierung zu sehr verschlüsseln, kann es sein, daß Sie einen Traum bekommen, der genauso rätselhaft ist wie Ihre Frage. Fragen Sie also geradeheraus, so wie Sie einen Freund fragen würden: „Was muß ich über Harry unbedingt wissen, ehe ich mich näher auf ihn einlasse?" Oder: „Was passiert, wenn ich diesen Job annehme?" Oder: „Was übersehe ich bei der Erziehung meines Sohnes?"

Hier folgt der Traum eines jungen Geschäftsmanns namens Terry, der mit der Frage umging, ob er eine neue, vielversprechende Stelle bei einer anderen Firma annehmen sollte. Vor dem Einschlafen stellte er die Frage: „Was passiert, wenn ich den Job annehme?"

Ich gehe zu Telefonzelle und stelle fest, daß ich zentnerweise Papiergeld in den Taschen habe, aber überhaupt kein Kleingeld. Ich gehe in einen Laden, um mir Wechselgeld geben zu lassen. Ich habe derart viel Geld, daß ich es gar nicht recht glauben kann. Aber als ich es aus der Tasche ziehe, sieht es gar nicht wie richtiges Geld aus; es ist Spielgeld, wie das Geld im Monopoly-Spiel. An der Kasse wollen sie mir davon nichts umtauschen, aber das macht mir nichts aus. Ich bin reich. Ich gehe woanders hin, aber auch da nehmen sie mein Spielgeld nicht an. Die Leute sind so dumm. Ich dagegen bin ganz aufgeregt. Noch nie habe ich so viel Geld gehabt. Ich kann nur lachen und verlasse den Laden.

Unglücklicherweise deutete Terry den Traum so, als wolle dieser sagen, wenn er den neuen Job annehme, werde er reich werden, denn im Traum hatte er sich *reich gefühlt*. Erst viel später schenkte er dem Umstand Aufmerksamkeit, daß das Geld in seinen Taschen *Spielgeld* gewesen war. Es war also kein echtes Geld, und man konnte damit nichts anfangen. Terry übernahm den neuen Job, aber die Firma ging ein, und er hat immer noch etliche Gehälter ausstehen, die er in den Wind schreiben kann. In diesem Fall wußte Terrys Traummacher, daß die verheißenen Reichtümer eine Illusion waren. Terry würde eine Zeit lang das *Gefühl* haben, reich zu sein, aber er würde sich mit dem Geld, das er in diesem Job erhielt, nichts kaufen können. Hätte Terry den Traum also etwas gründlicher untersucht, so hätte er ihn wohl vor etlicher vergeblicher Arbeit und viel Ärger bewahrt.

Gehen Sie mit dem, was Ihnen Ihr Traum auf Ihre Fragen hin liefert, sorgfältig und objektiv um. Sie brauchen das, was Ihnen ein Traum vorschlägt, nicht zu tun, wenn es Ihnen schädlich oder unvernünftig vorkommt. Aber behandeln Sie die Einsichten, die Sie erhalten, als die unschätzbare Quelle, die sie sind. Haben Sie einen Traum, den Sie nicht richtig verstehen, von dem Sie aber spüren, daß er ganz wichtig für Sie ist, so suchen Sie Hilfe für seine Deutung. Viele Traumanalytiker (auch ich) bieten telefonische Beratung auch für Klienten an, die nicht regelmäßig zu ihnen kommen. Oder besorgen Sie sich einige Literatur über Träume und sehen Sie zu, ob Sie beim Lesen nicht über etwas „stolpern", das bei Ihnen den Groschen fallen läßt. Ihr Unterbewußtes ist unwahrscheinlich empfänglich und kann Ihnen helfen, genau das zu entdekken, was Sie suchen, vorausgesetzt, Sie haben den nötigen Ernst, wirklich etwas erfahren zu wollen.

Gelegentlich kann es vorkommen, daß Sie von Ihren Träumen Führung erhoffen, aber Sie können sich nicht mehr an sie erinnern. (Das kommt tatsächlich vor.) Machen Sie sich deshalb keine Sorgen. Es gibt keine zeitliche Begrenzung für das Stellen von Fragen. Vielleicht haben Sie schon einmal erlebt, daß Sie sich beim Zubettgehen über irgendeine Entscheidung den Kopf zerbrochen haben, und am nächsten Morgen sind Sie aufgewacht und wußten ganz klar, was Sie jetzt tun sollten. Vermutlich haben Sie alle Gesichtspunkte im Traum erwogen und sind dabei zu einer Klärung gekommen, selbst wenn Sie sich jetzt nicht mehr an die Einzelheiten dieses Prozesses erinnern; jedenfalls wissen Sie jetzt recht deutlich, was Sie tun sollen. Es ist eine alte, bewährte Tradition, über wichtigen Entscheidungen „erst einmal eine Nacht zu schlafen". Die meisten von uns wissen intuitiv, daß wir mit einer wichtigen Angelegenheit besser umgehen können, wenn wir erholt sind und unser Geist frisch ist. Kein geringer Teil dieser Fähigkeit, am nächsten Morgen zu „wissen", was das Richtige ist, geht auf das Konto dieses nächtlichen Sortierens und Durchspielens in unseren Träumen. Sie brauchen sich also nicht unbedingt immer an einen Traum zu erinnern, wenn Sie morgens mit einem starken Gefühl der Gewißheit, was zu tun sei, aufwachen. Zögern Sie nicht, sich mit dieser Gewißheit zufriedenzugeben, auch wenn Ihnen unbekannt bleibt, was genau „gelaufen" ist, um sie zu erreichen.

Schließlich bitten Sie in aller Freiheit um Träume, die Ihnen eine sofort notwendige Auskunft geben sollen, ganz gleich, um was es auch gehen mag. Kommandieren lassen sich Ihre Träume ohnehin nicht; aber es ist gut, wenn Ihr denkendes Selbst und Ihr Traummacher ständig lebendig im Gespräch miteinander sind. Ich bitte oft um Wegweisung in spirituellen und ethischen Fragen oder um Rat darüber, wie ich mich beruflich am fruchtbarsten einbringen kann. Wenn Sie einen Traum erhalten, den Sie nicht ganz entziffern können, bitten Sie um einen weiteren Traum, der zu seiner Klärung beiträgt. Das ist, als bitte man einen Komponisten um eine „weitere Variation über ein Thema". Wenn Sie unsicher sind, ob Sie es richtig verstanden haben, aber spüren, daß es wichtig ist, fragen Sie so lange weiter, bis Ihnen ein Traum kommt, der Ihnen zum betreffenden Thema klar etwas sagt.

Kapitel 9

Was Sie vom Traumdeuten erwarten können

Wenn Sie die feste Gewohnheit entwickelt haben, sich regelmäßig Ihre Träume in Erinnerung zu rufen und sie zu bearbeiten, werden Sie öfter beim Aufwachen merken, daß Sie einen Traum samt seinem Sinn ganz klar vor Augen haben. Aber selbst wenn Sie gleich „wissen", was ein Traum bedeutet, können Sie noch wesentlich mehr dazulernen, wenn Sie ihn aufschreiben. Je erfahrener Sie in der Sprache der Träume werden, desto schneller werden Sie auf die Auslegung kommen. Manchmal bewirkt schon das bloße Aufschreiben oder Erzählen eines Traums, daß man seinen Sinn klarer erfaßt. Es ist ganz natürlich, daß Ihr Interesse an Träumen Schwankungen unterworfen ist. Zeitweise ist man zu beschäftigt und „vergißt" einfach eine Zeit lang seine regelmäßige Traumanalyse oder läßt sie einfach links liegen. Seien Sie nicht unzufrieden und entwikkeln Sie keine Schuldgefühle, wenn Sie das bei sich selbst beobachten. Das Vergehen von Zeit kann Ihre Fähigkeit zum Verstehen von Träumen steigern, selbst wenn Sie es zwischendurch vernachlässigt haben, sich auf sie zu konzentrieren.

Wenn Sie gerade in einer Phase des Übergangs stecken, etwa Ihre Ehescheidung erleben, Ihre Stelle wechseln, in Ihrer persönlichen Entwicklung intensiv im Umbruch sind oder einen Trauerfall zu bewältigen haben, können Sie dafür durch die feste Gewohnheit, Ihre Träume zu deuten, spürbar Hilfe erfahren. Ihre Träume helfen Ihnen auf sehr wirksame Weise, sich mit den Belastungen und Tücken des Lebens auseinanderzusetzen. Gerade in einem schwierigen oder verwirrenden Lebensabschnitt erfahren Sie unschätzbare Unterstützung und Ermutigung, wenn Sie die Zeit aufbringen, genau darauf zu achten, was sich in Ihrem Inneren abspielt.

Träume helfen „unlösbare“ Widersprüche zu lösen

Der Traumzustand unterscheidet sich unter anderem dadurch vom Wachzustand, daß hier das Gegensatz-Schema Entweder-Oder nicht gilt. Sie können in einem bestimmten Raum sein und gleichzeitig in einem anderen. Sie können Mann und Frau zugleich sein. Sie können jeder Rasse angehören, können fliegen, schwimmen und gehen. Sie können mit jemandem sprechen und auf der Stelle dieser Jemand selbst *werden*. Alle Grenzen und Trennungen, alles Schwarz-Weiß-Denken, das ungemein stark unsere Erfahrung im Wachzustand bestimmt, wird im Traumzustand aufgehoben (oder als Illusion entlarvt).

Ich glaube, viel Streß und Schmerz, den wir in unserem Leben erfahren, ergibt sich aus unserem hartnäckigen Beharren darauf, alles im Schema „böse“ oder „gut“, entweder so oder anders usw. zu betrachten. Ich will damit nicht sagen, viele dieser Bewertungen würden nicht stimmen, sondern daß unsere Gewohnheit, jegliche Erfahrung und Wahrnehmung immer gleich in dieses Schema einzuordnen, eine Denkungsart ist, die Streß, Schmerz und Verwirrung hervorruft. Indem wir unsere Welt als Konglomerat von Gegensätzen sehen, verlieren wir den Blick für Zusammenhänge und Übergänge und sorgen dafür, daß mit jedem Gewinn unvermeidlich ein Verlust verbunden ist. Viele große Weltreligionen, und neuerdings auch zeitgenössische Formen der Therapie und Meditation, leiten ihre Anhänger dazu an, sich in Haltungen einzuüben, die Augenblicke der „Transzendenz“, d. h. des Übersteigens der Gegensätze ermöglichen. In solchen Augenblicken erkennt man die scharfe Trenung zwischen den Gegensätzen als Illusion, und man bekommt ein wohltuendes, heilsames Gespür dafür, daß im Letzten alles miteinander verbunden und eins ist.

Eine Aufgabe unserer Träume könnte folglich darin bestehen, uns jede Nacht Erfahrungen zu schenken, in denen die starren Regeln des Daseins, die uns tagsüber beherrschen, aufgehoben sind. Hier werden Brücken zwischen unterschiedlichen Überzeugungen geschlagen, zwischen einem möglichen Selbst und einem anderen, zwischen Menschen und Tieren und zwischen dem, was wir in die Begriffe „Leben“ und

„Tod" fassen. Vielleicht brauchen wir dieses Pausieren von den Unterscheidungen und Wertungen des Wachbewußtseins, und gerade die bizarre Figurenwelt unserer Träume gehört zu einer ganz zielstrebigen Therapie, die uns geistig gesund bleiben hilft und uns in die Lage versetzt, die offensichtliche Aufspaltung zu ertragen, die wir während des Tages erfahren.

Wenn Sie intensiv mit Ihren Träumen arbeiten, hilft Ihnen das, besser die Zusammenhänge zwischen den einzelnen Dingen in Ihrem wachen Leben zu sehen. Sie verstehen dann viel besser, warum die Menschen das tun, was sie tun, und Sie können besser mit jeder Art von Vielfalt und Verschiedenheit bei anderen und auch in sich selbst umgehen.

Ihr „Instinkt" und Ihre intuitive Fähigkeit werden geschärft

Menschen, die es sich zur Gewohnheit gemacht haben, ihre Träume zu bearbeiten, entwickeln nach einiger Zeit eine ungemein starke Fähigkeit, Dinge intuitiv richtig zu erkennen. Zum Teil besteht die Intuition darin, daß man sich selbst erlaubt, auf das zu hören, was man für richtig hält, selbst wenn man das überhaupt nicht beweisen kann. Weil in unseren Träumen mehr Informationen verarbeitet werden, als wir bewußt aufnehmen, erhält man über seine Träume Zugang zu mehr Informationen, als man sie hat, wenn man sie nicht weiter beachtet. Diese zusätzlichen Informationen würde uns während unserer wachen Stunden überfrachten, und wir könnten uns viel schwerer konzentrieren und unseren praktischen Pflichten nachgehen. Doch während des Schlafs werden wichtige Informationsbruchstücke in die Traumhandlung und in unsere Erfahrungen eingefügt, so daß wir dabei sozusagen entdecken, daß in uns mehr steckt, als wir meinen. Gelegentlich sind die Enthüllungen in unseren Träumen derart erstaunlich und treffen so haarscharf zu, daß es ganz so aussieht, als stammten sie aus einer Quelle von außen. Im Lauf der Zeit werden Sie ein „Gefühl" für diese Art Offenbarungen entwikkeln, und Sie werden sie als wunderbare, aber nicht ungewöhnliche Vorkommnisse schätzen lernen.

Sie erkennen deutlicher Ihre Talente, Fähigkeiten und persönlichen Stärken

Für viele ist das Erwachsenwerden eine Art Hindernislauf, bei dem sie vollauf damit beschäftigt sind, sich keine guten Gelegenheiten zu verpfuschen und aufzupassen, daß sie nicht „das Falsche wählen". Heutzutage ist das Leben hektisch, und wir sind zahllosen Zwängen und rapiden Veränderungen ausgesetzt. Oft bedarf es etlicher Krisen und aufrüttelnder Erfahrungen, bis uns schmerzlich aufgeht, daß wir wichtige Bereiche unserer Persönlichkeit haben brachliegen lassen, oder es erwacht der lebhafte Wunsch, sich Aktivitäten zu widmen, die wir vernachlässigt haben, weil sie unpraktisch oder nicht lohnend zu sein schienen. Manche erkennen ganz betroffen, daß sie zwar schon vor Jahren mit Schreiben, Malen, Tanzen oder Theaterspielen aufgehört haben, aber sich ihre Psyche immer noch daran erinnert und diese Gaben für wichtig hält. Eine Sekretärin, die als Mädchen nicht das Gymnasium geschafft hat, träumt vielleicht, daß sie ein langes Gespräch mit Albert Einstein hat, der ihr rät, auf die Abendschule zu gehen. Ein übergewichtiger früherer Leichtathlet, der er zum erfolgreichen Anwalt gebracht hat, träumt vielleicht davon, daß er Gymnastikkurse gibt und sich wieder fit wie früher fühlt. Ein Schriftsteller-Anfänger träumt vielleicht, wie er einen kranken Autor wieder gesundpflegt. Jemand, der gern Pfarrer werden möchte, träumt vielleicht von langen Spaziergängen mit Billy Graham.

Wenn Sie von jemandem träumen, der dank seines Berufs, seines Talents oder seines Beitrags zum Wohl der Menschheit eine Berühmtheit ist, und Sie kennen in Ihrem wachen Leben niemanden, an den Sie durch ihn erinnert werden, ist die Wahrscheinlichkeit groß, daß dieser berühmte Mensch dasjenige Talent verkörpert, das *in Ihnen* schlummert. Damit soll nicht gesagt sein, Sie sollten Ihr Haus verkaufen, auf eine Insel ziehen und dort Maler werden – aber wahrscheinlich wäre Ihr Leben wesentlich ausgeglichener, gesünder und erfüllter, und das unbekannte Bedürfnis, das Sie umtreibt, wäre gestillt, wenn Sie dem betreffenden Zug Ihrer selbst mehr Raum in Ihrem wachen Leben geben würden. Ist die berühmte Persönlichkeit in Ihrem Traum verwundet, gestorben oder völlig ausgehungert, dann will Ihnen Ihr Traum wahrscheinlich sagen, daß Sie diese Seite Ihrer selbst so gut wie „umgebracht" haben. Aber es ist nie zu spät, sie wieder zu aktivieren. Leichter als Sie denken, können Sie die Art von Aktivitäten, die diesen Teil Ihrer selbst wiederbeleben und entfalten würden, wieder in Ihr Leben integrieren. Dazu eine hilfreiche Anregung: Überlegen Sie, was Sie genau genommen liebend gern täten. Wenn Ihre Reaktion darauf dann ein radikales Ja, aber ... ist („Ja, das wäre das einzig Wahre – aber: Nein, das ist praktisch völlig unmöglich!"), sollten Sie bewußt nach Mittelwegen suchen. In der Praxis brauchen Sie weder Ihren Wunsch radikal zu unterdrücken noch alle Zelte abbrechen, um ihn radikal zu verwirklichen. Sie können auch bleiben, wo Sie sind und eben nur die Zehen ins Wasser strecken, statt kopfüber hineinzuspringen. So können Sie ein Stück weit Ihren Wunsch tatsächlich verwirklichen, ohne Ihr bisheriges Leben völlig aufzugeben.

Wenn Sie dazu neigen, an Ihren eigenen Fähigkeiten zu zweifeln oder wenn Sie nur zaghaft zu sich selbst stehen, werden Sie wahrscheinlich Träume haben, in denen Sie sich als selbstbewußt und als energische Persönlichkeit erleben. Macht, „Power", ist eine heikle Sache. Einerseits möchten wir alle sie gern haben, andererseits verleugnen wir die Power, die tatsächlich in uns steckt. In gewisser Hinsicht sind wir alle wie die Helden der Geschichte im *Zauberer von Oz* (der Löwe, die Vogelscheuche und der Blechmann): wir suchen außerhalb von uns selbst jemanden, der uns mittels eines magischen Zauberspruchs genau jene Kräfte verleiht, die wir insgeheim längst besitzen, aber nicht wahrhaben wollen. Wenn Sie also von sich träumen, wie Sie plötzlich einen Drachen besiegen, leichtbeschwingt über den Verkehrsstau schweben oder mit gebieterischer Miene verriegelten Toren befehlen, sich zu öffnen, dann achten Sie genau auf diese Bilder. Ihnen wird hier ein viel zutreffenderes Bild Ihrer selbst vor Augen geführt, als Sie wahrhaben wollen.

In einem ganz wirklichen Sinn bedeutet, seine Träume anzunehmen, seine eigene Kraft und seine Fähigkeit zum Wachsen und zum kreativen Tun anzunehmen. Ich möchte Sie ermutigen, Ihre seitherigen Zweifel an sich selbst lebhaft *in Zweifel zu ziehen* und die Rollen der Helden, die Ihnen oft in Ihren Träumen erscheinen, als Ihre eigene Rolle zu übernehmen. Ich bin der festen Überzeugung: im wirklichen Leben *sind Sie selbst* genau wie im Traum genau der Held, auf den Sie immer schon gewartet haben.

REGISTER

Träume – Wege zum Selbst

Günter Harnisch
Die Botschaft der Angstträume
Was sie uns sagen – wie wir sie verstehen – wie sie uns helfen
160 Seiten, Klappenbroschur
ISBN 3-451-26459-5
Hilferufe der Seele: Wie wir uns an sie erinnern und wie wir so mit ihnen umgehen können, daß sie innere Blockaden lösen.

Günter Harnisch
Das große Traumlexikon
Über 1500 Traumsymbole von A-Z psychologisch gedeutet.
336 Seiten, Pappband
ISBN 3-451-23993-0
Träume sind „Briefe aus dem Unbewußten" (S. Freud). Lexikon zur Entschlüsselung der Symbole, Bilder und Botschaften.

Wilhelm Freund
Jeder Traum hat seinen Sinn
Logotherapeutisches Traumverstehen
HERDER/SPEKTRUM Band 4635
In ihnen kann sich die Lösung eines Problems zeigen oder ausweglos scheinende Umstände können neu erhellt werden.

Günter Harnisch
Was Kinderträume sagen
Traumbilder verstehen, deuten, gestalten – Mit einem Lexikon der Traumsymbole
HERDER/SPEKTRUM Band 4378
Es ist gar nicht so schwer, die Sprache des Kindertraumes zu entschlüsseln. Dieses Buch gibt dafür ganz konkrete Hilfen.

Denis Lamboley
Einschlafen und durchschlafen – ohne Medikamente
Wirksame natürliche Methoden, gesunden Schlaf zu finden
HERDER/SPEKTRUM Band 4655

HERDER

Lebenshilfe

Josiane de Saint-Paul
Nutzen Sie Ihre Chancen mit NLP
Lebensziele entdecken und verwirklichen
Band 4645
Oft stehen wir uns selbst mit eingeschränkten Denkgewohnheiten im Weg. NLP hilft, mehr aus unserem Leben zu machen.

Hans Jürgen Schultz
Schmerz
Dimensionen einer Empfindung
Band 4617
Die Autoren gehen den verschiedenen Dimensionen dieser Empfindung auf den Grund und geben Hinweise, wie man mit ihnen umgehen kann.

Nelly Bidot/Bernard Morat
NLP-Krisenmanagement
Schwierige Situationen in den Griff bekommen und neue Handlungsspielräume gewinnen.
Band 4606
Wie es mit NLP gelingen kann, nach unfreiwilligen Veränderungen wieder Grund unter die Füßen zu bekommen. Ein effizienter Ratgeber.

Christine Beckers/Hanne Mertz
Mobbing-Opfer sind nicht wehrlos
Wie Sie sich schützen und wehren können
Band 4580
Nicht stumm leiden, sondern kämpfen heißt die Devise: Ein konkreter Leitfaden zur Selbsthilfe und Vorbeugung.

Miriam Freedman/Janice Hankes
Streßfrei und entspannt
10-Minuten-Yogaübungen am Arbeitsplatz
Band 4548
Wie man den Streß am Arbeitsplatz ruhig und gelassen angehen kann – schon auf dem Weg dorthin. Ein praktischer Ratgeber.

Jon Kabat-Zinn
Im Alltag Ruhe finden
Das umfassende praktische Meditationsprogramm
Band 4533

Eine Fülle von Tips, wie sich alltägliche Situationen in meditative Übungen umwandeln lassen und wie man neue Kraft aus eigener Stärke gewinnt.

Hans-Harald Niemeyer
Yoga erleben – Gelassenheit im Alltag finden
Band 4518

Wie Yoga auf den ganzen Menschen wirkt, zeigt der erfahrene Lehrer in diesem Begleitbuch für Übende und Neugierige.

Arthur Samuels/Elisabeth Lukan
Im Einklang mit dem inneren Kind
Ein meditativer Weg zu sich selbst
Band 4491

Die Methode der heilenden Meditation mit dem „inneren Kind" kombiniert Transaktionsanalyse mit Erfahrungen buddhistischer Meditationspraxis.

Verena Kast
Sich wandeln und sich neu entdecken
Band 4477

Wie man Verlusterlebnisse meistern, Lebenskraft freisetzen und zu neuer Lebensleidenschaft aufbrechen kann.

Hildegard Ressel
Rituale für den Alltag
Band 4678

Hildegard Ressel veranschaulicht lebendig und umfassend ihre helfende, wohltuende Kraft. Sie inspiriert mit kreativen praktischen Anregungen.

Nelly Bidot/Bernard Morat
NLP – leichtgemacht
Das Übungsprogramm zur erfolgreichen Lösung von Alltagsproblemen
Band 4457
Mehr Lebensfreude, Erfolg im Beruf und gelingende Beziehungen.

Gerhard Wehr
Selbsterfahrung mit C. G. Jung
Die Entdeckung des eigenen Ich
Band 4376
Wie man sich mit den tiefenpsychologischen Erkenntnisssen C.G. Jungs selbst besser kennenlernt.

Werner Gross
Hinter jeder Sucht ist eine Sehnsucht
Die geheimen Drogen des Alltags
Band 4365
Wie wir lernen, mit dem Sog des „Immer-Mehr"umzugehen.

Klaus W. Schneider
Stell dir vor, es geht...
Glück, Gesundheit und Erfolg durch positives Denken. Ein Ratgeber.
Band 4282
Voller Zuversicht und Mut hilft dieses Buch, unser Leben neu zu gestalten.

Gina Kaestele
Umarme deine Angst
Neun Helfer zur Verwandlung von Hilflosigkeit und Angst
Das praktische Selbsthilfeprogramm
Band 4179